カレン民族解放軍

沖本樹典

Parade Books

目次

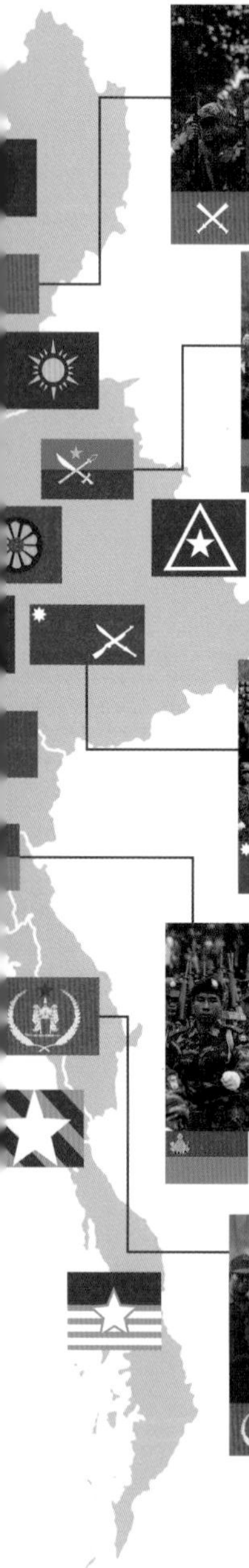

カチン独立軍

アウンサンスーチーを強く支持する武装勢力であり、2021年ミンアウンフライン軍事政権のスーチー拘束を受けて、ミャンマー軍に対する報復戦を開始している。

ワ州連合軍

東南アジア最大の麻薬ゲリラ。

ワ族自治区は軍隊、警察、司法省、行政庁、教育府、裁判所や銀行など国家規模の統治機構を備えており、その麻薬経済はミャンマー歴代の軍事政権と単独で講和条約を批准させる影響力がある。

シャン州軍

ゴールデントライアングルを支配する極めて戦闘的な武装勢力で、彼らの勢力圏を侵犯したミャンマー軍の部隊は大半が全滅している。なおシャン州軍の北軍は事実上ミャンマー軍に隷属しており、本書ではシャン州軍を南軍のみ武装勢力と認めている。

カレン民族解放軍

1949年の武装蜂起はビルマ国軍を首都に退却させるほどの戦いで、迫害される少数民族を抵抗に導く最初の一撃となった。以来現在まで、カレン民族解放軍はミャンマー軍が最も恐れる武装勢力である。

モン民族解放軍

ミャンマー軍の侵攻でモン州の主力拠点を失ったが、モン族系タイ軍人の支援を受け国境地帯に勢力圏を維持し、非公然にタイ軍の協同作戦を請け負うなど独自の分離主義に転じている。

ミャンマー武装勢力では穏健派として知られ、民政移管後全土停戦協定の成立に尽くしたが、2021年ミンアウンフライン軍事政権下のミャンマー軍チン州侵攻で武力闘争を再開した。

チン民族軍

ミャンマー西部ラカイン州の急進的武装勢力。

アラカン山脈の地勢を駆使する戦術に加え指揮系統の智略も群を抜いて高く、今後のミャンマー内戦の鍵を握る武装勢力である。

アラカン軍

ミャンマー武装勢力で最小の組織だが、戦闘力は強く市街戦を得意とする。2021年ミンアウンフライン軍事政権下で軍警に追われる市民や学生たちを迅速に保護し、一躍組織の名を上げた。

カレンニ軍

総兵力約400,000人。
対武装勢力戦は総合作戦軍司令部(管区作戦軍令部)と軽歩兵師団が直轄。軽歩兵師団は自走・移動式火砲を多数保有し、常設基地には駐留しない攻撃機動部隊を編成して各州へ進攻する。

ミャンマー軍

ヤンゴン司令部	北東方面司令部		
ネピドー司令部	中央司令部	南東方面司令部	北方面司令部
南方面司令部	東中央司令部	東方面司令部	北西方面司令部
沿岸部隊司令部	特別区司令部	南西方面司令部	西方面司令部

著者と訓練隊の兵士たち

世界各地に、民族や宗教の対立、人種的憎悪、政権の争奪を要因とする内戦がある。国力に匹敵するテロ組織の攻撃、麻薬カルテルの抗争、国土を分断する反政府ゲリラの蜂起は、黙殺された国家の腐敗や独裁の暗黒史が顕在化した内戦であり、人々が見捨てた故国の戦場には、自らの意志で戦う外国人の兵士が存在する。

民間軍事会社の隊員として大金を稼ぐために戦う者もいれば、義勇兵として何かを貫くために戦う者もいる。だが個人の戦う理由は違っても、戦場で役割を与えられた外国人の兵士は傭兵という存在になるだろう。私にはミャンマーが、その場所だった。

二〇〇六年の夏に私が日本を出国したとき、ミャンマーの軍事政権は少数民族のカレン族を殲滅する掃討作戦を始めていた。

日本政府がミャンマーの軍事政権に供与する年間四十五億円の経済支援は、中国に並び世界で最も大きく、日本の報道もミャンマー軍司令部の会見放送に頼った発表や、戦場を迂回した取材に偏るもので、日本人の私はミャンマーの軍事政権がアウンサンスーチーの拘束と、国民民主連盟《NLD》に対する弾圧、国家の武力統治へ突き進む背景、そしてカレン族の土地へ侵攻する掃討作戦の目的も、まだ何も理解できていなかった。

ミャンマーは「7つの州、7つの国境、7つの戦争」と呼ばれた世界最古の内戦国だ。一九四八年に「ビルマ」として独立の歴史を拓いたインドシナの小国は、軍の圧政と民主化運動が絶えず衝突し、人口の半数は一三五の眷族《けんぞく》を持つ少数民族で、その全てが内戦と複雑に関係してきた。

第二次世界大戦下の日本とイギリスの隷属から脱したビルマは、建国の英雄アウンサンが暗殺された直後に難局へと陥り、その独立は内戦の歴史として始まりを告げた。動乱の好機を得たビルマ族の軍首脳ではあったが、暫定政府には国を統制し、経済を新興させる力が無い。彼らは独立後の十年間、国家の主権的地位にビルマ族が就き、全土の少数民族に協力的地位を求めるという条約を創案した。

ビルマ国家発展のために、少数民族は農業、建設、工業生産の労働力となって貢献する。この条約は、調印する少数民族に十年後、主権自治を保障する約定があった。

調印に集まる少数民族のなかで唯一、異議を唱えたのがカレン族だった。ビルマ国家の発展というが、ビルマ族は日本の進攻でイギリスの敗局に乗じ、そしてイギリスの攻勢では日本に反旗を翻した。この狡猾なビルマ族が国家の権力を独占すれば、条約を締結する十年間のうちに、少数民族は奴隷のように征服されてしまうだろうと、調印に集まる少数民族のなかでカレン族は訴えたのだ。

調印を拒否したカレン族に対し、ビルマ族は武力で服従を命じた。カレン族の懸念は、現実のものとなった。

ビルマ族は軍を増強し、少数民族の土地へ侵攻を始めた。鉱山や天然資源の潤沢な少数民族の土地を占領するためだった。軍は労働者の徴用や家財の強制徴収から、教会や学校の検閲令、州境の通行禁止令と圧力を強め、モン族やパオ族の暮らす辺境の山里では脅迫や略奪が日常的になり、抵抗する人々を容赦なく投獄するようになった。

少数民族で最初に条約の調印に応じたシャン族は、居住や耕作の権利を制限されながらも政府を信じていたが、ついに主権自治の成就を一年後に控えたある日、軍がシャン州へ侵攻し、自由の訪れを待つシャン族を惨殺した。

ビルマは軍の政争に蹂躙され、議会政党は解散し、経済は惨憺と疲弊した。アウンサンスーチーと市民や学生たちの民主化運動が、市街で軍と衝突し、国は騒然となった。

軍の鎮圧部隊が出動するとき、通常はガス弾を使用する。だがビルマ族の軍隊は実弾を発射した。国防省の大臣が軍のクーデターを自ら指揮して市街を制圧、戒厳令を発令し、民主化運動の根絶を宣言した。

国を武力支配した軍事政権は、ビルマを「ミャンマー」という国名に改称し、国家転覆を謀る反逆者として、アウンサンスーチーの身柄を拘束した。

私は図書館へ行き、ミャンマーに関連する文献を机に積んで読んだ。内戦の本当の原因を知る必要がある。その現実は人道論だけで語れるのか、それとも利害の絡む実相が隠されているのか。ほとんどがアウンサンスーチーと民主化運動や、難民の人権問題を主題としていて、内戦と武装勢力について書かれた本は限られていた。新聞が時折、ミャンマー国境の戦闘を報じていたが、例によって戦場は取材せず、戦火から逃れた難民を取材する記事ばかりで参考にならなかった。

ミャンマー軍の最も恐れる反政府ゲリラ「カレン民族解放軍」と初めて接触する私が、日本の右翼関係者から渡されたのは、国境の連絡員が持つ携帯電話の番号を書いたメモだけだった。現地の情報は何も知らされなかった。国境を越える日数は一晩なのか、一週間なのか。日本で査証を取るべきなのか。現地で外貨は使用できるのか。熱帯の気候に適した装備だけを揃えるべきなのか、防寒具は要らないのか。携帯電話のほかに、連絡手段はあるのか。危険な状況に陥ったときは？何も判らなかった。

傭兵は自分自身が行動の全責任を負う。連帯責任は無い。最初から常に一人だ。わからないから前の者に続けばいい、という場面は無い。

フィリピン、シリア、アフガニスタン、コロンビア、それぞれの戦場に特徴的な現実がある。私はミャンマーの戦場に詳しい。だが、もしアフガニスタンの戦場へ行くとすれば、アフガンの現実を一から学ぶ。ミャンマーの戦場を経験していても、タリバンが支配する戦線を知ったつもりにはならないし、コロンビアの麻薬カルテルが占拠する市街地に入るなら、経験則に初めから頼るべきではないと考えるだろう。

敵兵が戦う理由は強固な信条か、それとも金や利権を目当てに結束しているだけなのか。人々の貧困、身分格差、犯罪、権力の腐敗。民族主義や宗教の教義よりも、日常に見える現実のほうに、大抵は知るべき答えが現れている。

ミャンマー国境

7月1日

タイに到着する時刻は、いつも航空機の窓に煤色の夕陽が映る。冷房の効いた機内から空港の滑走路に降り立つと、雨季の粘りつく熱気を肌に感じた。

バンコク市街の高層ビルが灯火を明滅させるハイウェイ、水着の美女が微笑む広告塔の電光、寺院の森を飛びたつ鳥の群れが、雨の夕景に染まる。タクシーは不機嫌な運転手が理想的だ。車内に会話の無いほうが早く着く。

タイは、訪れる目的によって景色が変わる国だ。ワット・プラケオの寺院やムエタイの試合を観て、シーロムで買い物を楽しみ、プロンポンのバーで果物のカクテルを飲むぐらいなら、治安の問題は気にならない。

観光を目的にしなければ、視点を変えて町を見ることができる。人々が集まる方向、車の停まる場所。町の労働者の顔は明るいのか、暗いのか。釣銭で受け取る紙幣は旧札か、新札か。町の屋台が売る食べ物の値段は、現地を知る金銭感覚の基準になる。

町の夜は危ないだろうか。騒がしく汚れた路上は、排煙と料理油の匂いが混じり、酒に酔った男たちが座り込み、派手な化粧の女が闊歩する。べつに危ないということはない。カオサンやスリウォンの路上でも、いきなり旅行者が暴漢に殴られたり、金を脅し取られ

タイの首都バンコク
摩天楼の下は貧困と銃犯罪の街がある

るような事件は滅多にない。

タイは王制の軍事国家で、内閣は財界と癒着し、社会には常軌を逸した貧富の格差がある。一年間に発生する殺人事件の件数が日本の九倍を超え、殺人事件に拳銃の使用される確率が東南アジアでは一番高い国だ。武道や格闘技の経験は、タイのような国では然《さ》して護身の役に立たない。タイの犯罪者は車上荒らしのレベルでも必ず拳銃を隠し持っている。観光地図を頼りに歩く旅行者たちは犯罪者の存在に気づかず、町を通り過ぎているだけだ。壁にスプレーで描かれた落書きが、地元のギャングを表す図柄だったり、酒場を見張る男の手首に彫られた入れ墨が、タイマフィアの構成員を示していることもある。それらに我々は気づかなければならない。彼らの縄張りに入ったことを意味している。

我々が留まる町には、警察も犯罪組織もある。彼らは我々に一目置いてくれる。我々も彼らに礼儀を示さなければならない。彼らは町で摩擦が起きないように努力をしている。地元のボスたちが飲みに来たら、入れ替わりに我々は店を出る。警察が町の取り締まりに動くときは、ホテルの部屋から外へ出るべきではない。

タイ人は一般的に善良で無愛想だ。他人に対する節儀、義務や責任の意識も、日本人と大きく違う。だが、それを比較して安易な批判をすることはできない。

私はタイを訪れた当初、こんな体験をしている。タイでは朝夕、国民儀礼があり、駅やバスの発着場などで国王陛下の肖像画を前に、国歌が演奏される。タイ人は国歌の演奏が始まると、惰性《だせい》で起立する。若者たちは座って聞き流そうとする。欧米人の観光客などは国儀を侮り、不遜《ふそん》な態度を見せる者たちもいる。

その時刻、私はバスに乗る場所が判らず、落ちつきがなかった。乗車券はタイ語の表記で、タイ北部を運行するバス路線は複数に分かれ、おまけに乗車券のバス番号と一致する停留所が三つもあった。

バスの発着場にはタイ軍の兵士たちが集合し、どこか地方の演習地へ移動するために待機していた。放送塔から国歌が流れ始めたとき、とりあえず私は国王陛下の肖像画を前に起立して姿勢を正した。訪れた国の権威や歴史の象徴に敬意を払うのは外国人であっても当然だ。

国歌の演奏が終わると突然、タイ軍の兵士が私の前に来て直立し、黙礼した。その兵士は私の手に持つ乗車券を見ると、バスの車掌を呼びつけた。

周辺の空気がそこで一変した。バスの車掌が停留所まで私を案内し、乗客たちが大型のバッグを担ぐ私のために、場所を空けてくれた。

特に不思議な体験をしたわけではない。だが日本人の習慣には無い体験だ。「海外旅行安全ハンドブック」に書かれるとおり、財布に紐を付けたり、ウエストポーチに貴重品を入れて持ち歩くのも防犯効果はある。しかしタイの尊厳、美訓を敬う行動ができなければ、タイで犯罪に遭う確率は高くなる。スラム地区や運河沿いの夜道に入り込んだとき、直観で感じるものが護身の判断に役立つ。直観は何らかの体験と結びついている。この体験も、その一つだった。

夜のバンコクを彩る原色の喧騒から遠く離れ、北へ七〇〇kmの陸路は荒野になる。冷えた暁の空と薄闇に、寺院の炬火《かがりび》と、托鉢《たくはつ》する若い僧侶たちの姿がある。国境の町は寂れて静まり、廃坑のような路上に野犬の遠吠えが響いている。

ホテルは古く、看板の電灯が点滅し、正面のドアが壊れていた。従業員が窓から「裏のドアへ行け」と指で促した。

ホテルの受付は薄暗く、壁の時計は十一時で止まっていた。私は「一泊、四〇〇バーツ以下の部屋にしてくれ」と従業員に伝えた。フロントのソファで若い女が眠っている。従業員が部屋の鍵を取り、「女を買うか?」と顎《あご》で勧めた。私は「いらねえよ」と首を振った。

部屋は四階で、窓から市場の通りを見おろせた。ベッドが汚れ、浴室の鏡は割れていたが、気にしなかった。グレゴリーのバッグから軍用のベルゲンを取り出して、装備を点検した。

昼まで眠り、シャツとジーパンに着替えた。ホテルの外は烈火のような暑さだったが、町を見て歩きたかった。

錆びて色褪せた破風《はふ》の密集する市場は屋台と荷車が並び、赤や黄色の野菜と果物が木箱に積まれ、新鮮なカニや川魚が天秤棒に吊られて、威勢のよい取引きの声で賑わっている。国境を往復する行商人たちは、人種も言語も異なるが、それぞれ商談を成立させようと道端で熱心に話し込んでいる。編み笠のタイ人が牛を連れ、ヒジャブを巻いたマレー人が布地を裁断し、金歯の華僑人が北京ダックを売る市場では、路上の彫り師や、剥製屋など、日本では見られない珍しい商売もある。私が興味を持ったのは路上の鍛冶屋で、彼は建材の鉄筋を加工した手製の刀を売っていた。

装備の消耗品は、日本よりも現地で買い揃えたほうがいい。乾電池、消毒薬、ライター、ジップロック付きのビニールパック。タイ製のパラシュートコードは品質に劣るが、安価で実用には問題がない。それからコンドームだ。女に使うのではなく、渡河のときに膨らませてベルゲンに詰めると、浮輪の代わりになる。

市場を見物しながら二十分も歩くと、シャツが汗で濡れはじめた。水を飲みたかった。それに食事もしてない。

小さな食堂で、目玉焼きを盛りつけた「ガパオ」を注文した。タイ語のメニューは読めないが、ガパオは食堂であれば必ず注文できるタイ料理だ。

タイの食堂は、アジア諸国でも例外なく美味しい料理を作る。そしてタイ料理は、基本的に辛く味つけする前提で作られている。私がタイ語で初めに覚えた言葉は「こんにちは《サワッディ》」「ありがとう《コプークン》」「辛くするな《マイペ》」の三つだ。タイ人は、唐辛子が料理の決め手と考えているので、油断していると、辛くなかったはずの料理も唐辛子で味つけされて運ばれてくる。

それに問題なのは砂糖だ。タイ人は美味しいはずの料理に、どっさりと砂糖を入れる。パッタイを初めて食べたときのことだ。ファランポーン駅の食堂で、香ばしいアーモンドとエビや野菜を炒めたパッタイが、私の席に運ばれてきた。

私は空腹で、その料理を食べたとき、とても美味いと思った。可愛い女の子の従業員が私の食事する様子を見ている。私は彼女に笑顔を向けた。

たぶん彼女は、私がパッタイの味つけかたを知らないと思ったのだろう。彼女は「こうすると、すっごく美味しいのよ」みたいなことを口ばしりながら、テーブルの容器に入った唐辛子と砂糖を私のパッタイへ大量に注ぎこんだ。やめろ、と叫ぶ暇はなかった。

私は「ああ、そうなんだ」と呟き、そのパッタイを食べてみた。吐きだしそうになった。

彼女は輝くような笑顔だった。この笑顔を損なうことになれば国際問題になりかねない。私は「すごいな。美味しすぎるよ」と言いながら、それを三十分かけて完食した。

市場の路地にバイクの修理工場があり、「レンタル《For Rent》」の看板が立っていた。私は工場の社長と交渉して、一日一五〇バーツでオフロードのバイクを借りることにした。ホンダのXL二三〇で「パニッシャー」の骸骨マークがタンクに貼ってあった。

町を詳しく知るために、バイクで市場を走った。国境行きのバスが停まる車庫と貨物の集積場、倉庫と鉄工場がある。タイ語とビルマ語の標識が立ち、マレーシア国旗を掲げる通りがあり、仏塔から鐘の音が響く一方で、モスクの建つ広場から礼拝の声が聞こえる。

町は平穏で、住人たちは友好的だった。民族や宗教が対立するような空気もない。だが観察していると、目には見えない人々の境界に気づくようになる。

たとえばタイ人とマレー人の仕切る市場はモスクを境目に隔てられている。モスリムの店は国王の肖像画を飾らない。華僑人の店で受け取る釣り銭は旧札が多い。これは華僑人が地下銀行の金を扱っている証拠だ。

それから市場で重労働をする人夫には警官を避ける者たちがいる。彼らは工材の運搬や汚水槽の清掃をし、警官が通ると雑踏に姿を消す。ミャンマー人だろうか。

私は、アロゥという連絡員の電話番号が書かれたメモを手に取って見た。プリペイドの携帯電話から、その電話番号に発信してみた。

呼出音のあと、圏外を告げる英語の自動音声が聞こえてきた。

7月3日

翌日、私はミャンマー国境の陸橋にバイクで行った。分岐路の途中に鉄柵の設置された敷地を見つけて、バイクを停めた。そこはタイ空軍の飛行場で、鉄柵の外周は一・五kmほどあった。

私はトレーニングウェアを用意しており、すぐに道端で着替えてランニングを始めた。猛烈な日射しに逆らって走るうちに息が苦しくなり、もたもたと炎天下に迷い出てきた亀ぐらいのスピードになった。ぶざまだが走り続けるしかない。

傭兵には絶対的な条件が二つある。二つとも軍歴には関係がない。その条件の一つとは体力だ。

ジムの会員になり、しゃかりきにバーベルを持ち上げ、腕力ばかり強くしてきた身体は

タイ北部の国立公園でトレーニングする著者

役に立たなかったのだと、戦場の最初の一日で学ぶ。兵士の経験をするまで、必要な訓練を理解するようになるのは難しい。

我々は局地戦を戦う。密林、砂漠と雪上では、作戦も装備も当然違う。だが必要な訓練その一は、どこでも同じと言える。それはたとえ戦場へ行く前日であっても、走れる場所を見つけたら、ひとまず全力で走っておくということだ。

飛行場で一時間のランニングを終えて、バイクに乗った。

焼けつく熱波にアスファルトが炙《あぶ》られ、蜃気楼のような白い雲が道路に揺らいでいた。国境方面の道路にタイ軍の装甲車が停まり、兵士たちに連行される人々が見えた。

私はバイクの速度を緩めて、装甲車の前を通過した。入国管理局の事務所があり、その門を押し開けようとする群衆が騒いでいた。

タイとミャンマーの国境地帯となるモエイ川沿いは、朽木と雑草に覆われ、廃棄された鉄屑が散乱していた。対岸には、着衣で川を渡ろうとする黒ずんだ人影があった。

道路は移民地区《バラック》へ延び、トタン家屋の密集する路地になった。鉄片を叩く音が響き、機械油の臭いが漂い、格子戸や二階の窓から険悪な眼が私に向けられるのを感じた。

空き瓶が飛んでくるとまずい。私はバイクの速度を上げて路地を走り抜け、ミャンマー国境の陸橋へ向かった。

地平線のような直線の道路で、大型トラックの車列が警官隊に停止を命じられていた。私はバイクを道端に停めて陸橋まで歩いた。ペプシ・コーラの看板が色映える積乱雲の青空に、鐵色《くろがね》の砲身が転回していた。

ミャンマー国境に通じる陸橋は、戦車で封鎖されていた。

連絡員

7月4日

国境の町に到着して三日が過ぎようとしていた。毎朝、ホテルの部屋を出ると飛行場へ行き、ランニングをして、国境の状況を観察しながら町へ戻った。アロゥという連絡員の携帯電話は圏外で通じず、ほかに何をするべきなのか判らなかった。

市場の売店で『バンコクポスト』という英字新聞を買った。それを読んで、昨日、国境がタイ軍の戦車に封鎖された理由を知った。ミャンマー軍と反政府ゲリラが交戦し、多数の避難民がタイの国境に逃れようとしたらしい。その記事は、反政府ゲリラを「ＫＮＬＡ」と書いていた。カレン民族解放軍《ＫＮＬＡ》だ。

私はバイクに乗り、国境の道路を走った。荒寥とした大地に白い鳥の群れが舞っていた。赤土の峠道は未舗装で、バイクの車輪が抉《えぐ》れた轍にはまり、何度も空転した。国連の旗を付けたバスが前方を徐行しており、道路は鉄線と木柵で遮られた夥《おびただ》しい数の小屋が建つ僻地になった。難民キャンプだ。

ＵＮのロゴＴシャツを着る職員たちと、配給所のテントに居並ぶ大勢の人々が見えた。このメラ・キャンプは東南アジアで三番目に大きな難民キャンプだ。タイ国境には九地区もの難民キャンプがあり、ミャンマーの戦火から逃れた十五万人が避難生活を続けている。

鉄条網の分離帯が道路に設置され、木の葉を葺《ふ》く小屋が山の麓を覆い、土ぼこりの風にかすんでいた。

私はアロゥに連絡を試みようと、メラ・キャンプの路上でバイクを停めた。

配給所のベンチに座る若者たちが足をぶらぶらさせていた。荷おろしされた支援物資が無造作に積み上げられ、学用品らしきダンボールの箱が地面の水溜まりに浸かっていた。筆記用具だとしたら、もう使いものにならないだろう。

ミャンマーの内戦を象徴する難民キャンプは、国連の食糧供給と各国の救援機関による医療、教育活動が充実し、難民の安全な居住地になっている。

矛盾した場所だ。世界中の善意で囲われている場所なのに、問題の根源は悪化していく。内戦は終結せず、難民は増加の一途を辿っている。

この場所は本来、戦火を逃れた難民の安住地とするのでなく、彼らに戦争を抑止させる力へ立ちかえらせる場所であるべきだろう。ミャンマー軍の兵力は四十万人にすぎない。この場所に本当に必要なのは、難民を難民化させてしまう食糧や医薬品の過大な支援ではなく、十五万人の避難民を戦火に立ち向える民力として成長させる支援ではないだろうか。

しかし国連の莫大な基金が管理するこの難民キャンプでは、世界各国の使節、財団、医師、教員が勢揃いしながら、十五万人の難民に逃げ隠れする手段だけを斡旋している。

私は携帯電話を取り出した。アロゥの電話番号に発信してみたが、やはり圏外で通じなかった。私は悪態をついた。

連絡員の携帯電話が通じないのは、昨日の国境封鎖と関係があるのだろうか。それとも電話番号が間違っているのか。何か別の連絡手段を捜すべきなのかもしれない。だが、その選択は正しいだろうか。指示された連絡手段で接触できないこと自体に、理由があるのかもしれない。

昼過ぎに国境の陸橋へ再び戻ると、タイ軍の装甲車が道路に集結し、兵士たちが路上を塞ぐように立っていた。入国管理局の付近は両手に荷物を抱える人々で溢れかえっていた。私は入国管理局の通用門に行ってみた。人々は混乱し、憔悴していた。破れたシャツを着た者や、裸足の者もいた。饐《す》えた汗の臭気が漂っていた。彼らもミャンマーの避難民なのだろう。管理官らしき制服の女性が慌ただしく書類を配布していた。

そのとき後ろから、英語で話しかける声が聞こえた。私が振りかえると、初老の小柄な男が笑顔をみせた。

「こんにちは。どちらの国から?」と男が訊いた。

「日本です」と私は答えた。

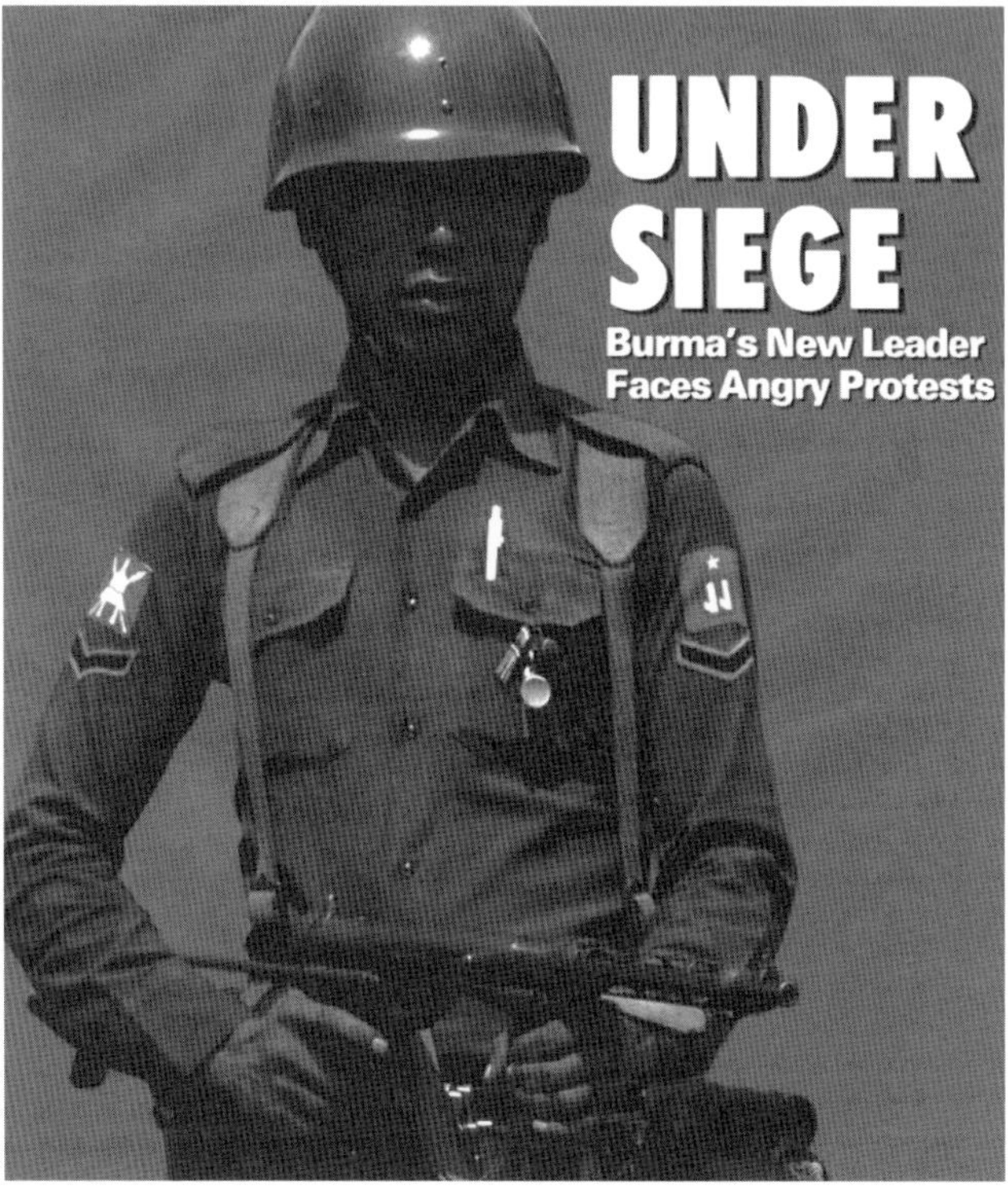

国境の陸橋付近に貼られたポスター
「UNDER SIEGE（包囲されている）」

「日本の人《ジャパニーズ》ですか。タイには観光で？」

「ええ、そうです」

「この町に滞在されているんですか」

「そうです」

私は適当に答えたが、男は穏和な笑顔で、モエイ川の方向を指で示した。

「国境の向こうでは内戦が続いています。ご存じかな」

「そうなんですか」

「カレン族が、軍事政権と戦っているんです」

男は清潔な白いシャツを着て、流暢な英語を話した。この男はカレン人なのだろうか。カレン軍を知っているのかもしれない。私は質問しようかと考えたが、黙っていた。この男が何者なのか判らない。

「これから、あなたはどこへ行かれますか」と男は私に訊いた。古い年式のセダンが男の後ろに停まった。

「たぶん、チェンマイへ行きます」

「そうですか」

男は車に乗り込むとき、手を上げて言った。

「日本の人《ジャパニーズ》、お気をつけて」

男の手は火傷のような痕に覆われていた。

ホテルに戻り、屋上で腕立て伏せとシャドーボクシングをやった。部屋に居ても時間が遅々と過ぎていくだけだ。

堪えきれない暑さと、異なる言語や習慣に、混沌と思考が鈍り、苛だつ。アロゥという連絡員を待つべきなのか。ホテルに留まるべきなのか。自分でカレン軍の関係者を捜すべきか、それとも独断での行動は自制するべきなのか。

最初のうちは、こういう状況に何度も直面する。自分の選択するべき答えが判らない。膠着した状態にも実際は変兆が起きている。しかしそれが見えていない。

二週間も、ひとことも話さず、ホテルの部屋で過ごすような状況がある。いつでも部屋を出られるように荷造りし、眠れるときには眠っておく。精神的な孤立に慣れなければならない。行動力よりも、自分を客観視できる判断力のほうが大事になる。内戦国は「戦場の外」が無い。戦場より町のほうが危険な状況もあるのだ。

自分は世界の中心で、正義のために戦うつもりでいる。最初は、そう考える。数百人、数千人が殺されている戦場を現実に見るまで、自分の無力さに気づくことができない。

私は部屋のバスタブでシャワーを浴び、「ウイ・アー・ザ・チャンピオン」を大声で歌った。ベッドテーブルに置かれたテレビは、アウンサンスーチーの映像と、国連特使が記者会見の質疑に答える音声を流していた。

ミャンマーの軍事政権にスーチーの解放を要求していた国連特使の交渉は、また今回も失敗に終わったようだ。

7月5日

翌朝、私はホテルから市場の路地を歩き始めたところで背後から呼びとめられた。特徴の無い五十歳ぐらいの男だった。「オキモトか」と男が言った。

「あんたは」

「アロゥだ」

こいつが連絡員か。私は溜め息をついた。反政府ゲリラの連絡員というから、スパイのようなサングラスの男が暗号文の書かれた紙とかを手渡してくるのかと思っていた。

私はアロゥの握手に応えながら「あんたの携帯電話は通じないぞ」と控えめに文句を

言った。彼は肩を竦《すく》めてみせた。

アロゥは石垣に座り、「すぐ出発できるのか？」と訊いた。半袖のシャツで隠れた右肘に、いかつい銃創がある。でも顔は仕事を怠けた会計士みたいだ。野菜の入ったバスケットを頭の上に載せた女たちが横目でアロゥと私を見ながら、路地を通り過ぎていく。

「俺は準備できてる」と私は答えた。

「明日の正午に迎えにいく」とアロゥが言った。「ホテルの一階で会おう」

「わかった」

私はアロゥが立ち去るときに、ふと思った。どうして彼は、俺の泊まるホテルを知っているのだろうと。


部屋の窓に映る町の夜は閑散としていた。

私はベルゲンの装備を再点検しながら、「パリ・コレ」の映像を中継するテレビを眺めた。

奇抜なドレスを着る美女たちが颯爽とランウェイし、拍手を浴びて登場したデザイナーの男が「世界って最高！《World is rocks》」と、興奮した口調でテレビカメラに言った。

こんなときに、世界が羨望するファッションショーを観るとは。つい笑ってしまった。

悪趣味な観劇をしている感じだった。華々しいパリの舞台で、わざわざ破れたショールのような衣装を着るトップモデルたちと、戦禍のミャンマー国境で、現実に破れたシャツの着替えも無い避難民たち。どちらが世界の虚実を表現しているのか。考えてみると滑稽で笑えてくる。

私はテレビの電源を切り、部屋の鍵をポケットに押し込んだ。

ホテルから離れた町の道路は人影もなく、暗渠《あんきょ》に地下水の流れる音だけが響いている。煉瓦塀に挟まれた石廊のさきは、取り壊された倉庫場跡に通じていた。

そこには町の闇があった。酒場の密集する路地で若い女たちが客を呼び、濛々と屋台の炭火が煙り、酔った男たちが騒いでいる。

酒場の二階から男が私を見ていた。二階には賭場がある。路上のバイクに座る若い男は「アイス」の売人だ。道路左奥の酒場でビールを注文し、八〇〇バーツを払えば、娼婦を買える。

この町は、チャムサットというマフィア組織が賭場や売人、娼婦たちを仕切っている。賭場ではカードだけでなく、ムエタイの闇試合が行われる日もある。

タイの麻薬ルートは三つの密輸経路で取引きされているが、この一つが町を通る。売人が扱うのはワ州の覚醒剤《アイス》で、バンコクの旅行者でも買える大麻とは事情が違う。覚醒剤が出荷される時期は、両替商の換金レートが変動し、町の物価にまで影響を及ぼす。

私は酒場でタイ料理とウイスキーを買って帰るだけだ。町の悪党たちは黙って道を譲ってくれる。

現実は映画や小説とは違い、もっと些細な理由で人が殺されている。銃を隠し持つ者は座る姿勢で判る。酒場では静かに飲むべきだ。ほかの客は銃を持ち歩いている。

賭博、薬物、女は、どれも我々にとって致命的な問題になる。手を出せば、戦場でなく町で死ぬ。賭場の用心棒、売人も、娼婦さえも、我々の正体を見抜いている。そして距離を取ってくれる。マフィアは沈黙していても、よく我々を調べている。弱みを知ろうとしているのだ。我々は麻薬を欲しがらないのか、女を欲しがらないのか。煙草を買うとき、少量の麻薬を勧められるかもしれない。酒を飲んでいるとき、十代の少女を六〇〇バーツで用意すると囁かれるかもしれない。それを断れなかった者は町の誰かに狙われるようになる。町で命を狙われるような奴が、戦場まで辿りつくことはない。

カレン軍は、この町で恐れられている。タイマフィアを圧倒する武力があるのに、悪事をしない。戦争の目的を一度も変えたことがない。悪党たちは我々に決して近づこうとしない。この町で我々が別格として扱われるのは、「掟《ルール》」を持っているからだ。

戦場へ

7月6日

正午に私がホテルの一階へ下りると、アロゥが4WDジープで迎えに来た。側面の窓から、後部座席に人影が見えた。

私は4WDジープの荷台にベルゲンを放り込んで、助手席に乗った。

「この町から移動する」アロゥが言った。「タイ軍の検問所を途中で通るぞ。顔を隠して、居眠りしてるふりをしろ。俺が対処する」

アロゥが親指を後ろに向けた。後部座席の人影が握手を求めてきた。その手は、火傷のような痕に覆われていた。

「こんにちは、日本の人《ジャパニーズ》」

その握手に応えながら愕然とした。二日前、入国管理局で出会った初老の男だった。ようやく、それまで自分に見えてなかった状況を理解することができた。

彼らには、日本人を監視する時間が必要だった。彼らは私が町に到着したときからすぐ近くにいた。まぬけな私は何も知らず、彼らの監視下に置かれていたということだ。

アロゥはカレン軍第5旅団の諜報を統括している。彼は私と話しながら、ミャンマーで生き残るための的確な助言を与えてくれた。私が会話のなかで「Burma（ビルマ）」

と言うと、アロゥが「町では「ミャンマー」という言葉を使うんだ」と、それを制した。

「ミャンマー」は軍事政権を象徴する国名の改称で、いまも「ビルマ」という過去の国名を故意に用いる人々には、軍事政権に反対し、民主化支援を訴える意思表示がある。「ビルマ」という言葉を使う外国人は、ビルマ人たちの目に留まる。ミャンマー軍に雇われた密告者が、町には大勢いる。だから、この町で外国人は「ミャンマー」という言葉を使うべきなのだと。

モエイ川が隔てる国境の陸橋付近では、殺人事件が多発していた。遺体が発見されても、すぐにタイ警察は捜査を始めない。治外法権地帯とされており、数十日間も事件が放置されたり、国境の情勢によって事件の捜査すら行われないこともあるという。

ミャンマーの国境は、陸橋に軍警の監視所がある。軍警は陸橋を越える外国人の素性を調べるために、職業や旅行の目的について尋問することがある。軍警に疑われる発言をするなと、アロゥが言った。

「俺の職業は、工員とかでいいか？」と私は訊いた。

「それでもいい」とアロゥは頷いた。「だが自動車の工員なら、トラックへ連れていかれて、整備してみせろと言われるぞ」

「じゃあ、どう答えればいいんだよ」

「掃除機や洗濯機とか、家電製品を造る機械工にしろ。ミャンマーは家電製品が普及してないからな」

アロゥから、タイ軍の国境警備隊が駐留する検問所の位置と、検問所の隊員が一日一時間だけ不在になる時間帯も聞いた。国境行きのバスに乗るときは「ディア・ベル・ツアー」のガイドブックを手に持ち、軍用ベルゲンは小麦粉の袋などに入れて隠しておけと教えられた。

峠の道路で激しい雨が降りはじめた。

アロゥがノートPCに保存した画像を私に見せた。それまで私は、どこか彼らの戦場を軽く考えていた。虐殺や殺戮、そういう言葉にも半信半疑のところがあった。

ミャンマー軍は、カレン族の村里を焼きはらい、農夫たちを鉱山へ強制連行し、子供を撃ち殺し、女たちを強姦して、森に埋めていた。顔が腫れあがるまで殴られて凌辱された女や、銃で撃たれて遺棄された子供の死体が映る画像を見ていくうちに、私は怒りで声が出なくなった。その反面、これだけ残虐な暴力性を持つミャンマー軍に恐怖を感じた。

「カレン人も一概に信用するな」とアロゥは言った。ミャンマー軍は、カレン軍の内部に離反工作を図り、その弱体化を狙っている。ミャンマー軍に金で買収される者もいるが、脅されている者が大半で、家族を人質にされ、情報屋に仕立てられる者たちもいた。

「これから、どこへ行くんだ?」私はアロウに訊いた。

「ボジョーが、おまえを待ってる」とアロウが前を向いて言った。


麓の峠道から逸れた山林に、古い邸宅が建っていた。

門扉を開けた若い兵士が、アロゥに黙礼した。雨はあがり、草花の咲く庭が眩く輝いていた。

カレン軍第5旅団のボジョー・ヘン将軍は、私の到着を丁重に出迎えてくれた。精悍な顔は穏やかだが、左の眦《まなじり》に深い銃創がある。

ミャンマー軍が、カレン軍に武装解除を条件とする停戦案を提示し、その指揮権が分裂しかけたとき、ボジョーの部隊はミャンマー軍の基地へ無反動砲を撃ち込んだ。敗勢に屈せず、降伏を拒み、幾度も死地から生還し、カレン州の主権独立を求めて戦うボジョーに対し、ミャンマー軍は巨額の賞金を懸けている。

私は日本人として、カレン軍の部隊に志願する理由を話した。日本を出国するときからうぬぼれた英語の台詞を暗記してきたのだが、それをまるで思い出せなかった。

ボジョーは口を挟まずに、ただ私の眼を見つめていた。自分を誇示する英語が一つ思い浮かぶたびに、一つ自信を無くした。相手は人生の全てを戦争に捧げてきた男だ。左の眦

カレン軍第5旅団司令官
ボジョー・ヘン将軍

に刻まれた銃創は、そう古い傷ではないかもしれない。私を見つめているのは、恐ろしく静かな正眼だった。

私が「無名の死」という言葉を使ったとき、ボジョーは初めて「それを望むのか《You hope it》？」と、おもしろそうに訊きかえした。

明朝、ボジョーの部隊と私はミャンマーの戦線へ発つことになった。彼は、私の入隊を認めた理由を言わなかった。

7月7日

深夜、私はシュラフを敷いた床に寝ていて、不意に目を覚ました。腕時計の液晶表示は午前三時二〇分だった。闇夜だ。

若い兵士たちの炊事する水の音が聞こえた。荷載する4WDジープが門扉に停車している。ボジョーが庭で私に「コーヒーを飲もう」と言った。

午前五時に、ボジョーと私を乗せたアロゥの4WDジープは山道を疾走し、川岸の集落で停まった。

カレン族が暮らす集落は朝もやが濃く、ボジョーと私が歩いていると、若者たちが漁具を手に抱えて近づいてきた。

外国人の私を不審な眼で睨む若者たちに、ボジョーがカレン語で何かを告げると、彼らの態度が一転して改まった。

ボジョーが集落の軒を訪ねると、生活の労苦に傷んだ老人や女たちの顔が安堵するように和らいだ。女たちが私に茶を淹《い》れてくれた。木戸の陰に集まる子供たちが私を見ている。小屋で苦しげな咳をする若者に、数枚の紙幣を渡しているボジョーの姿が印象的だった。

カレン族の集落から川岸へボジョーと私が歩いていくと、小型ボートが砂洲に係留されていた。タイとミャンマーの国境水域で、内戦地帯の入口になるのが、このサルヴィン川だ。

赤銅のように日焼けした男が舵を取り、ボジョーと私を乗せた小型ボートは、川を進み始めた。山峡の森に覆われた川を小型ボートは遡流し、速度を上げていく。太陽の熱する空が緑の樹葉に遮られ、川は茫洋と漲り、濁った飛沫が舟舵に打ちつけられた。

小型ボートが接岸し、ボジョーが「俺と来てくれ」と言った。私は川岸から窪地の木陰を見て驚いた。タイ軍の将校が煙草を吸って川を眺めていたのだ。

ボジョーがタイ語で私を紹介すると、その将校は煙草の火を揉み消して、握手を求めた。

タイ陸軍の野戦服に、少佐の階級章を付けている。私のタイ語の挨拶など、少佐は気にも留めずに、低い声でボジョーと話し始めた。

タイは優れた軍事国家だ。カンボジアとミャンマーから広大な国境を防衛するために、カレン軍のような反政府ゲリラを尖兵として利用する。ボジョーがタイ軍将校との接触を私に見せたのは理由があるのだろう。

このタイ軍の少佐は情報将校だ。いまはボジョーと話しているが、つぎは銃を向けるのかもしれない。どちらも、それは覚悟しているのだろう。

ボジョーは私と小型ボートに戻り、タイ政府がカレン族の難民規制を強化していることや、ミャンマー軍に加担するDKBAのテロが国境地帯で頻発していることなどを話した。戦況は悪化している、と。（※Democratic Karen Buddhist Army／一九九四年にカレン軍から分裂した武装勢力）

小型ボートは川の濁流に抗いながら速度を上げて進んでいく。山峡は険しく、黒い雲に空が陰り、雷鳴を呼んでいる。

対岸の砂洲に、男たちの姿があった。擦りきれたシャツを着る男の一人は、狙撃銃を持っていた。

接岸すると、彼らが荷袋を担いで乗り込んできた。少年のような顔の若い男が親しみを伝える表情で、私の隣りに座った。

舳先が砂洲を離れて再び速度を上げ、峰雲に隠れる山峡の方向へ進み始めると、彼らは荷袋から軍用小銃を取りだした。M一六小銃、AK四七突撃銃、弾帯、手榴弾が鈍く光った。

私の隣りに座る若い男は野戦服に着替えながら、口笛を吹くしぐさで戯けてみせた。迷彩色の野戦服には、カレン軍の部隊章が縫いつけられていた。

ボジョーが捲《ま》きつける排水音に負けぬ大きな声で「ようこそ我らの国へ！《Welcome to our land》」と言った。

雷鳴の唸る雨が降りはじめた。山峡を水煙に包むアジアの雄大な天地がこのとき、私の眼下に迫ろうとしていた。

四三kmのジャングル

7月8日

カレン軍第5旅団の戦線は、標高一五〇〇mの峻険な山峡を砦として、ミャンマー軍の進攻を阻んでいる。

黎明の密林を、私はボジョーの部隊と進んだ。二人の偵察兵が先行し、ボジョーと二十一人の小隊が後続する。

熱帯のジャングルは、灼熱の太陽と、嵐のような風雨が培う無限の樹海だ。胞子植物が群生し、猛禽が嘶《いなな》き、獣が吠える太古の密林は黒々と、暗く閉ざされている。

急斜の崖を登り続ける脚は、硬い蔦に絡まり、編上靴は泥土に埋まった。鬱蒼とした樹影に太陽の散光が反射し、野戦服の襟に汗が流れ込む。兵士たちは崖を駆けるように登り続け、行軍開始から二時間以上が経過しても脚を止めようとはしなかった。

私は自分の強さを信じきっていた。日本を出国後も基本的な身体の鍛練は欠かしていなかった。背負ったベルゲンは三〇kgぐらいの重量になっていた。米軍海兵隊の大型ベルゲンで、金属のフレームを使用する九〇ℓサイズだった。格好がいい、という理由だけで選んで買った。

そのベルゲンに、私は思いついた装備品を片っぱしから詰めこんでいた。いま考えてみ

上：カレン軍第5旅団管区の小隊行軍は縦走速度約h/3.3km,
　　前方の山峡を上陸地点から7時間程度で踏破する

下：カレン軍第5旅団のパトロール小隊
　　前列左，ベレー帽の兵士とは10年後に著者の訓練隊で再会したても九割は不用品だったが、このときの私は行軍や野戦で実際に何が必要となるのかも理解していなかったのだ。

　私は迷彩色の野戦服を着て、肩や腕の筋肉も逞《たくま》しく、AK五六突撃銃の銃把を握りしめ、格好だけは一番強そうに見えた。当時はベンチプレスで一〇〇kg以上を楽に持ち上げていた。しかし、このAK五六という軍用小銃の重量が腕に堪え、樹層の崖を登るにつれて呼吸が荒くなっていた。カレン軍の山岳行軍は過去に、多くの傭兵たちを体力の限界からリタイアさせているとアロゥが話していたのを思い出した。AK五六突撃銃。くそ、中国製だ。

　ボジョーが脚を止め、呼吸を整えるときがあった。疲労のためではなく、地形の緩急に順応した規則性があった。私は脚を止めても、呼吸の乱れが収まらない。ベルゲンの重量が負担になり、前に屈みこみ、額の汗を手で拭い、AK五六の銃把を何度も握りなおした。

　樹層の崖が稜線に達すると、雷鳴が空に響いた。装填音が連なり、兵士たちが散開していく。

「ミャンマー軍は、あの谷まで進攻している」とボジョーが、白霧に煙る山峡を見おろして言った。

雨が一滴、二滴と頬を濡らしはじめた。

兵士たちがODのツェルトを肩に掛けて崖を駆けおりていく。兵士の一人が振りかえり、ツェルトを指で示して「雨に濡れるな」というサインをしてみせた。私はアノラックを持っていたが、野戦服の上から着込むのは面倒だと思った。これも間違った判断だった。

カレン軍の兵士には、この苛酷なジャングルで戦い続けるゲリラの知恵がある。彼らの助言には必ず意味がある。彼らの行動は私に必要な行動でもあるのだ。それを私は怠るという判断の誤りをした。

小枝の葉を叩く雨つぶが、突如猛然とした雷雨になり、瞬時に視界が水没した。

雨季のスコールは凄まじく、滝に落ちていくような錯覚があった。はじめのうち、私は豪快な水浴びをしている気分でいたが、じきに愚かな事態に陥ったことを理解しはじめた。雨水を大量に吸収したベルゲンは、異様な重さに膨らみはじめていた。防水バッグに入ったシュラフの下側に、雨水が溜まりだしている。

雷雨の山渓は気温が急に下がり、濡れた野戦服は身体の熱を奪っていく。人間の身体は熱を生む臓器の補完機能に代謝を優先させようとするため、そのぶん消耗した筋肉の回復期は遅くなる。編上靴は粘土質の泥沼に沈みこみ、踏みだす脚は鉛の塊を引きずるように重くなった。

崩落した地盤から泥水が噴きだしている。私は腰のガンベルトを緩めながら泥水に踏み入り転倒し、驚く暇もなく崖から滑落した。

兵士の一人が崖を下りてきて、私の肩を支え起こし、気遣うような眼を向けた。

私は編上靴を履く足に酷い痛みを感じたが、カレン語で「Daka-dake-dao bar（大丈夫だ）」と応えた。その兵士は雨の精のように白い歯をみせて微笑んだ。

崖は沼地に到り、前進は困難を極めた。兵士たちは膝まで泥沼に浸かりながら、絖《ぬめ》ったシダの葉を掻《か》きわけ、無言で前進していく。隊列から、自分が遅れていると思った。脚が止まるたびに自分を罵った。疼痛を感じる首もとに触れた手が血まみれになった。ヒルだ。腕にも手にもヒルが這っていた。

火弓のような太陽が雲を穿《うが》ちはじめた。沼地は喬木の密林になり、急峻な山峰へ延びていた。灼熱の太陽が射す森は霞み、野鳥の鳴く声を響かせている。

マングローブの葉が白い水粒子を放っていた。樹海は噎《む》せるような腐葉土の匂いに満ちている。

腕時計《スント》の液晶は摂氏三三℃を表示していた。ベルゲンが肩を圧迫し、渇きつめた喉から喘ぐような息が洩れる。多量の汗が乾かず、野戦服は濡れて息苦しく、泥水の滲みこんだ編上靴の足は痛みで目眩いを覚えるほどだった。

部隊が渓谷の川沿いへ下りると、ボジョーが小休止の号令を発し「疲れたか？」と私に訊いた。私は「大丈夫です」と答えたが、死にかけた犬のような顔をしてたにちがいない。

ボジョーは、私のベルゲンを手に持ち「重すぎるぞ」と言った。若い兵士たちが集まってきて、私のベルゲンを肩に担ぎながら、カレン語で何か話していた。

私は木陰に座ろうとして、自分の身体の異変に気づいた。視点が定まらず、ふらつき、頭痛と吐き気がした。この十五分ほどで汗が乾き、皮膚が熱を持ちはじめていた。草陰で小便しようとしたが、排尿できない。やがて焦げ茶色した微量の小便が出たとき確信した。脱水症状だ。深刻な事態になったと私は思った。

対処療法を施さなければ、脱水症状は進行する。私は救命法の教員資格を持っているので、応急治療に必要な知識は備えていた。初期段階なら水分補給を続けて休養し、体表の温度を平常値に戻せば、熱中症に因る脱水症状の進行は止められる。だが、この状況ではそれができない。

私はベルゲンから救急パックを取り出し、塩とブドウ糖の粉末を水筒に注いで混ぜあわせた。兵士たちが心配そうに見守るなか、ぼりぼりと私はアスピリンの錠剤を噛みくだいた。気が狂ったと彼らに思われたかもしれない。でもほかに方法がない。

私は水筒で作った即製の生理用食塩水を夢中で飲みくだし、自分の体力回復に賭けた。

この耐久縦走が何時間続くのか判らない。編上靴の足も出血しているのを感じたが処置はしなかった。これから沼地に浸かるのなら傷口を処置しても意味がない。

脱水症状が悪化すれば自力で歩けなくなる。初期段階を過ぎた脱水症状の進行は、応急治療も用を成さない。体温が上昇し、筋痙攣が始まり、意識が混濁して、自発呼吸できなくなる。

若い兵士の一人が私のベルゲンを担ごうとしていた。私は他人の誹《そし》りや蔑みなど気にもしないが、こういう情けを受けるのは絶対に我慢できない。死んだほうがましだ。

ボジョーが「きみは無理をしている《hand over to》」と言うのを、私は「平気だ」と遮り、ベルゲンを担いだ。世界各国の軍隊で兵士の死因の最上位を占めるのが、この脱水症状だ。しかし、これは私のベルゲンだから、死んでも私が背負わなければならない。

私は兵士を志願して戦線へ来ている。これは訓練をする場所ではない。この状態で敵兵と遭遇し、戦闘が始まれば、即座に私は殺されていたはずだ。私が殺されるだけならいい。だが、私を援護するための戦闘で、カレン軍の兵士たちも死んでいたかもしれない。もし、そうなっていたら？何度人間に生まれ変われても、私は自分を許せないだろう。

兵士を志す者に実戦の話をするとき、いまの自分を語るよりさきに、この当時の自分を語りたい。役に立つ話をしたい。訓練は何度失敗してもいい。だが実戦で失敗はできない。

これは二度とくりかえせない失敗で、知ってもらう意義がある。実戦とは「現実の戦場で戦う」という以外、ほかに意味を持つ言葉ではないからだ。

ミャンマー軍の進攻に追われるカレン軍の敗勢が、この苛酷な行軍距離を生んだ。私は自らの苦痛を通じて、カレン族が奪われた未来と、絶望の一端を見た気がした。

渓谷の川から水の曝ぜる音が遠ざかり、兵士たちの影が荒茫とした雨に消えていく。私は脱水症状から朦朧となり、滑落しては泥土を噛んで立ちあがり、脚をひきずりながら歩き続けた。まったく、ひどい状態だった。

突然、鬱蒼とした森が消え、視界に田畑の山里が現れた。

カレン族の子供たちが走ってきて、私を見ると、騒ぎはじめた。農夫たちが珍しいものを見るように、畑仕事の手を止めてこちらを眺めていた。

畦道を囲う柑木の小屋から、米を炊く匂いがしていた。私の後ろを、黒毛の子犬が一匹、しっぽを振りながらついてくる。

山里の畦道を緩やかに登る丘は草が刈られて、衛星アンテナが設置されていた。

果物の樹木が茂り、柵を設けた兵舎が建てられていた。無線室の窓から、通信兵が手を振ってみせた。部隊の兵士たちが走り寄ってきて、私の腕を引っぱろうとする。水を汲んだマグカップが差しだされた。

ボジョーが兵舎から私の名を呼び、「早く来い！」と大声で言った。この兵営地で初日の行軍が終わるようだ。私は「いま行きます…」と応えてすぐ、木陰にぶっ倒れた。

雨に濡れた草花の匂いがする。瞼を閉じると、兵士たちの笑う声が聞こえた。黒毛の子犬が、泥だらけになった私の頬を嬉しそうになめていた。

7月11日

部隊は二日後に、ミャンマー軍の軍事管区と最も近いダワド、タングーの戦線へ行く。距離にして四三kmの山岳行軍を経て、ミャンマー軍を迎撃する戦場に入るのだ。

兵営地にはボジョーの兄弟で、カレン族の子供たちの学校長を務めるラムジーがいる。信仰心に篤《あつ》く、英語を闊達に話す情熱的な教育者で、人を真摯に見据える眼には、理想に燃える青年の面影がある。

ラムジーは毎晩、兵営地のソーラーパネルを使って蓄電したラジオでCNNのニュースを聞く。彼は中国の軍拡やイラクの復興、ロシアの民族紛争など、世界情勢に関する正確な知識を持っていた。

日本の経済政策、科学技術と産業力、国民の勤労、教育の水準を、ラムジーは肯定的に論じていたが、日本人の「自殺」の問題について、「なぜ、日本人は平和な国で自殺をするのか」と質問してきた。無学な私には答えに窮する質問だ。

私は野戦服のポケットから和英辞書を取り出し「日本人は希望を見失う。社会の建前と、現実の落差《Gap》に…」と答えた。

「Gap…?」と不可解そうにラムジーが訊きかえす。

私は自殺者を「犠牲者」という言葉に置き換えて伝えたかったが、それだけの英語力が無かった。新聞は「命の大切さを知って」と、自殺者に暗に説教するような記事を載せる。私には、彼らが命の大切さを知らずに自殺しているとは思えない。自殺をするために生まれてくる者はいない。死ぬほど思いつめる体験をして、人は自殺者になる。そんな自殺者が一年で三万人に達する社会だ。ボスニアの内戦は約四年で十五万人以上の死者をだした。日本は、たった五年でボスニアの内戦を超える死者を生んでいる。ヒトラー、スターリン、ポル・ポトのような世紀の独裁者も、日本のように秩序的な粛清国家を創ることはできなかった。毎日、インターネットで匿名の書き込みが人を傷つけ、死に追いやる。ひたすら子供も大人もスマホで処刑スイッチを押しあってるようなものだ。人間の抹殺を長期的に計画するなら強制収容所やガス室でなく、そっくり日本の社会を被験地に模倣させるだけでいい。

部隊の兵士たちが集まって座りこみ、私とラムジーの議論を見物していた。彼らは英語が解らないので、私とラムジーの話す声に黙って聞き入り、私とラムジーが笑うのを見ると安心したように一緒に笑っていた。私の英語は文法を破壊的なぐらい間違えているので、よくラムジーに笑われた。

ラムジーは「座頭市」の大ファンだ。目を閉じて、木の棒を握り「イチ」のまねをする。村が祭りの日にはテレビと発電機を校舎に運んで、「三銃士」や「荒野の用心棒」などの映画を児童たちと観るらしい。

「彼は目が見えない《His eyes blind》。だが彼は心で見ることができる《but he can see what his mind》」

ラムジーが「座頭市はサムライマスターだ」と言うので、私は「座頭市はヤクザだぜ」と教えてやった。

「彼は悪人なのか？」とラムジーが訊く。

「彼は悪人だけを斬る」と私は答えた。ラムジーは首をかしげていた。

私とラムジーの議論が終わると、若い兵士たちが「食事だよ、食事」と私に手招きしてみせる。

木の板にアルミの飯盒と皿が並び、川魚や野草を調理した食事が用意されている。川魚は塩漬けで発酵させ、唐辛子で和えてあり、野草は茹でてスープにしてあるが、日本人の味覚には耐え難く、食欲の湧く料理ではない。だが食事をする私の反応を調理係の兵士たちが固唾を飲んで見守っているので、不味そうな顔はできない。私は大抵の料理を噛まずに飲みこみ、「グッド」と言っていた。パッタイのときと同じだ。世界中の人種と民族に共通していることだが、食事の席は友好の意思を表す場所であり、言葉で意思の疎通ができない未開地では、特に最大の歓迎を示す意味であると理解しなければならない。

地球の秘境を旅する芸能人の体験番組ではないから、私は大げさな感動表現などしないが、こういう場面で友好の意思を損なうのは言語道断だ。

私は酸味が濃い野草のスープを残らず飲みほして「ベリーグッド」と言った。

カレン族の村里は緑の草原が広がり、水田を耕す人の姿や、綜《あぜ》を織る家屋の音がある。まるで昔の民話に描かれるような牧歌的な風景だが、目の前に銃火の迫る内戦地帯だ。カレン族の豊潤な土地には天然資源があり、かつて銅、錫、硝石、高級木材となるチーク樹林を保有する山脈があったが、その大半はミャンマー軍の侵攻で失われていた。

私はラムジーに案内されて村里を歩き、彼の学校で教師をする夫妻の家に招かれ、お茶

上：カレン族の村里の多くはミャンマー軍の襲撃を避けるため
　　山の尾根沿いに集まっている

中：カレン族の学校　下：学校長のラムジーと著者（右）

を飲ませてもらった。

児童たちが庭で歌の練習をしており、私を見ると近づいてきて、じっと様子を窺いはじめた。動物園の珍獣になった気分だ。この村里も一年前に避難民を多く出し、学校の児童が半数以下になったと夫妻は話した。

木卓に教科書が積まれていた。小鳥とカレン族の伝統衣装を着る女性の絵が表紙になり、筆記を教える文字が書かれている。手作りだった。ろうそくの油脂が付着し、破れているページは糊で貼り直されていた。とても大切に扱われている。手から手へ、学び継がれている教科書だ。

内戦の原因は天然資源を育むカレン族の土地にあるのだろうか。ミャンマー軍の侵攻は、このように穏健なカレン族の故郷を奪い、ビルマ族の領地として支配することだけを目的としているのだろうか。

ラムジーは「ビルマ族も、その国民も悪くない」と言う。「国民ではなく、国家の構造が悪い。ミャンマーは、その典型だ。軍部はクーデターで、権力に反抗する者たちを殺し、軍隊の恐怖を国民の記憶に植え付けた。いまもミャンマー軍は国家の暴力装置そのもので、それを欲しがる独裁者たちが軍事政権を維持してるんだ」

「軍事政権の狙いは、カレン族の土地が持つ資源を奪うことなのか」と私は訊いた。

「もし彼らがカレン族の土地と資源の国有化を目的とするだけなら、私たちに協力を求めればいい。なぜカレン族に銃を向け、人を殺して、村を焼き討ちにする必要がある？」

「なぜだ。わからないな」

「彼らは恐れているんだ。私たちが、大きな力に成長することを」ラムジーは児童たちの手を握って言った。「本物の軍隊は国家の敵に銃を向けるものだ。しかしミャンマー軍は、国民に銃を向け続けている。軍事政権に狙われているのはカレン族だけではなく、権力に逆らうすべての民族と国民だということさ」

児童たちの無垢な瞳が私を取り囲んでいるので、小枝の葉っぱを巻いて唇に挟み、草笛を吹いてみせた。すぐに児童たちは庭へ走りだして木の葉を集め、草笛づくりを始めた。芸は身を助ける。

「正しい戦いが勝つとは限らない」私はラムジーに訊いた。「カレン軍は勝てるのか？」

「ボジョーが、きみを連れてきた。真実を見てほしいからだ。しかし、いつでもきみは、ここから引き返すことができる」

ラムジーは、そう答えた。

雨季のジャングルは日没の時刻を過ぎると、月の光りも射さない夜になる。

燭台の灯す火が、兵士たちの素顔を映す。薄明かりの下で、日記を書く者や、首もとの十字架に触れて、考え込む者もいる。

リアムという兵士が旧型のウォークマンを持っており、カセットテープの音楽を私に聞かせてくれた。劣化してしまったカセットテープから、ノイズに混じる女性の歌声が聞こえる。「スモレ」という名の女性で、カレン族の歌手だという。

カレン語なので歌詞の意味を私は理解できなかったが、民族調の管弦楽器に伴奏された優美な歌声だった。アイリッシュのケルト音楽に似ている。きっと若い兵士たちは、この歌声を聴いて未経験の恋愛を想像するのだろう。

兵士たちの多くが女の肌を知らずに戦場で死んでいく。川で水浴びをするときに見たが、彼らは皆、酷い古傷を身体に負っている。銃弾や手榴弾による大きな傷痕ばかりで、瀕死の重傷を負ったことがわかる。

クロムェという兵士は、右腿に重度の熱傷の痕が残っている。私が「その傷痕はどうしたんだ?」と熱傷の痕を指さすと、彼はライムの実で擲榴弾を落とすまねをして「Boong」と言って笑った。その皮膚は赤く焼け爛れて、筋肉の再建を妨げている。治癒するまでに正気を失うような激痛に耐えてきたはずだ。

マナトという寡黙な曹長は、胸の中央に大きな銃創を残している。銃弾が体外へ貫通したとき、周辺の皮膚と筋肉を吹きとばしたのだろう。異生物の触手が寄生しているようなその傷痕は、見るに耐えないほど無惨な醜状だ。兵士たちの身体は皆、銃創の見本市のようだったが、マナトの傷痕は特に酷かった。一度は死んで、望まずに生きかえったような厭世の表情が時折、彼の眼に浮かぶのを見ることがある。

　カレン軍の兵士たちは戦場に何を想い、何を願うのか。カレン族には、NGOの支援を受けて先進国へ難民申請し、ミャンマーから脱出を図る者が後を絶たない。

　私は兵舎の書棚を観察した。兵士たちの思想を知りたかった。山岳民族の武装勢力は、毛沢東《マオ》に感化されてしまった組織が多い。だが兵舎の書棚には、一冊の思想書も無かった。毛沢東も、ホーチミンも無い。文字の記される書物は残らず調べてみたが、埃をかぶった小銃の教本、聖書、カレン族の歌集などがあるだけだった。

　兵営地ではルカという軍曹が私の世話をしてくれていた。ルカは優秀な下士官で、若い兵士たちに慕われ、信頼されている。童顔だが、強堅な意志のある眼をしている。いつも彼が兵士たちの話すカレン語を英語に訳して、私に教えてくれていた。

　カレン軍の兵士たちには、思想や信仰を語る者がいない。彼らと接するうちに、それがわかった。人民の階級闘争や、民族の聖戦論など、ろくでもない教義に傾倒している者は一人もいない。それよりも兵士たちには四、五人が集まると、必ずボールを持ち出す者がいて、サッカーを始めようとする習慣があった。カレン軍の戦術は、サッカーで伝承されているのかもしれない。

「オキモト、一緒にサッカーしないか？」

ルカが何度も誘いに来るので、私は重い腰を上げた。

「俺は強いぞ。手も使うからな」

ルカは私の前から走り去った。それ以降、彼は私をサッカーに誘わなくなった。

夕暮れの兵営地でボールと走る兵士たちは普通の若者でしかなかった。彼らは戦争の敗勢を知りながら、なぜ戦い続けるのだろうか。

彼らが戦場で戦う理由は何だろう、と私は考えた。なぜ彼らは、この戦場から逃げようとしないのだろうか。

7月13日

作戦行軍の朝、目標の戦線一帯はミャンマー軍に砲撃されていた。

ラムジーに「危険だぞ」と止められたが、私は「わかってるよ」と言って彼を無視した。

前日の行軍で、私は両足の踵に硬貨大の傷口が拡がり、歩くのも困難な状態だった。これほど迷惑な奴もいない。すでに長距離の山岳行軍を経た編上靴は、紐を締める甲の皮革が裂けかけている。

ボジョーは当然、この日本人が脱落すると思っていたのだろう。私が野戦服に着替え、「邪魔だと思ったら撃ってくれ」と言うと、彼は大笑いして「一蓮托生だ《together》」と応え、自分の救急バッグから包帯を一つ、私に投げてよこした。

朝露のジャングルを、軍靴の音が突き進んでいく。

腐木の堆積する樹層が螺旋状に、峰雲の空へ聳《そび》えていた。私はベルゲンに水筒と予備の野戦服、救急バッグ、充電器、ナイフやシュラフだけを入れ、重量を二五kg程度にした。双眼鏡や、浄水器、小型バーナー、船戸与一の文庫本などは兵営地に置いてきた。これでベルゲンが七、八kgは軽くなったはずだ。

編上靴の内側は、初日の行軍で剥がした足の指の爪と、踵の傷口に包帯を固く巻いていたが、すでに出血している感触があった。苦痛は我慢するしかなく、自分の実力と向きあう試練だと思うしかない。命よりも重要なのは、作戦行軍の隊列から遅れないことだ。

ミャンマー軍は軍都ネピドから南下するカレン州の進攻拠点を拡大しており、カレン軍

上：ミャンマー軍に襲撃されたカレン族の村

下：避難民を護送するカレン軍の兵士（Photo by KNU）

カレン州内戦地帯

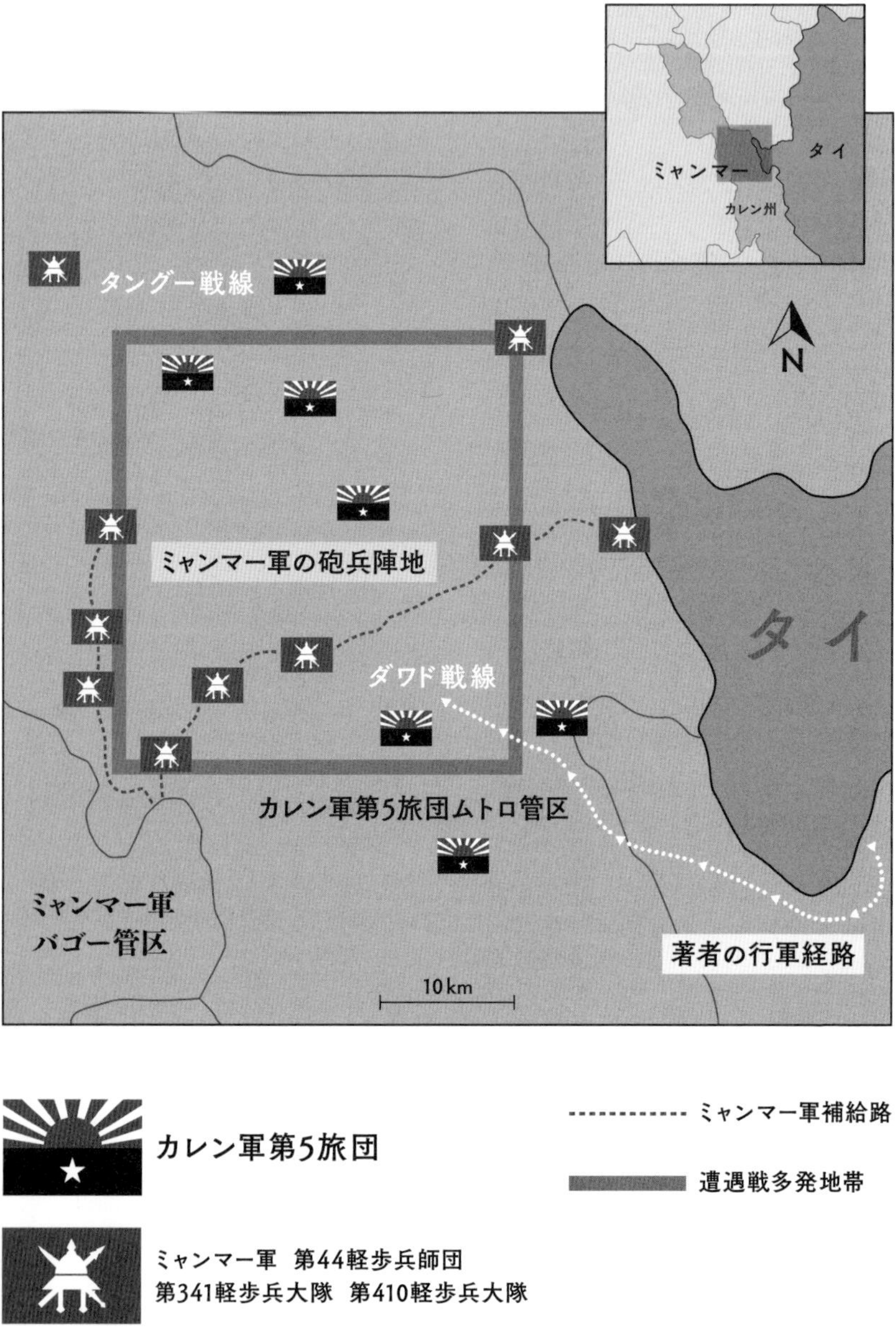
ミャンマー
タイ
カレン州
タングー戦線
N
ミャンマー軍の砲兵陣地
タイ
ダワド戦線
カレン軍第5旅団ムトロ管区
ミャンマー軍
バゴー管区
著者の行軍経路
10km
カレン軍第5旅団
ミャンマー軍補給路
遭遇戦多発地帯
ミャンマー軍　第44軽歩兵師団
第341軽歩兵大隊　第410軽歩兵大隊

第5旅団のムトロ管区は常に戦場の最前線だった。ミャンマー軍の第四十四軽歩兵師団大隊は、中国に天然資源を供給する軍港の陸上輸送路として、掃討部隊に迫撃砲の砲陣を構築させ、カレン州北部を分断しようとしていた。

カレン軍の兵士は、レコン（偵察）、ディフェンド（守備）、パトロール（哨戒）を主要任務として、ミャンマー軍を迎撃する戦線に展開する。偵察隊の兵士たちはカレン州の州境を八〇ｋｍも行軍し、敵の動向を観測する。守備隊の兵士たちが潜むのは太陽の光りも届かない密林の塹壕だ。哨戒隊の兵士たちは戦線と接する山里を巡視し、敵の侵攻から村人を護送する任務を担っている。

ミャンマー軍は少数民族の村を襲撃するとき、いくつか決まった手口を使う。その一つに、全土を国有地と定める連邦法により派兵されるミャンマー軍管区作戦軍令部の臨検隊がある。

臨検隊は少数民族の土地を接収する口実で、土地の居留に一日二万チャットの罰金を過料し、支払うことができなければ強制労働の服役を命じる。

まず臨検隊は村の家畜を殺し、抵抗する者は家畜と同じ姿にすると教える。ミャンマー軍管区の強制労働は一日十四時間の荷役や炭鉱作業で、この管区に収監されたら生きては戻れない。臨検隊の執行は接収令の翌日開始されるので、前夜のうちに村人は家屋を捨て

避難する。これが国境へ逃げる戦災避難民《ＩＤＰ》になる。（※Ｉｎｔｅｒｎａｌｌｙ　Ｄｉｓｐｌａｃｅｄ　Ｐｅｏｐｌｅ）

もう一つは、軍事政権謹製の国家安全法を威力に少数民族の村里を急襲するミャンマー軍軽歩兵師団大隊の掃討部隊だ。カレン族やモン族は耕作の収穫期に州境で米や穀物を換金するため、この時期に村里を襲撃される危険がより高くなる。国家安全法はミャンマー兵に敵性地域で無条件とする射殺権限を与えており、生存者が残らない村里の多くは米や穀物を換金した直後に襲われている。

殴る蹴る、という次元の暴力ではない。日本で想像もしなかった内戦国の現実を、これ以後、私は直視することになった。

猛禽の翼を翔《かけ》る音が、樹影に響く。人間の背丈ほどの樹茎に透けた仄かな逆光が、雨を映す。

リアムが小さな弟のように、いつも私の後ろから離れなかった。ＡＫ四七を携え、ボジョーの護りに立つとき、誇らしそうな顔をしてみせる。彼は精鋭の猟兵《トラッカー》でもあった。

部隊は、山渓に田畑を拓く村落に辿りついた。村長らしき長老がボジョーを出迎えて、農夫たちが部隊の兵士に水を配ってくれた。

長老は、州境を往復する荷夫たちから聞いたミャンマー軍の動向を、ボジョーに伝えていた。二週間前に、ミャンマー軍が付近の村落を襲い、農夫たちを殺したのだという。カレン軍に協力する者たちへの見せしめとして、ミャンマー軍はカレン族の村を襲撃し、虐殺を続けている。

水をくれた農夫の家屋を覗くと、腰巻きで包まれている赤ん坊が木の床に置かれていた。生後六ヵ月ほどの乳児で、肌が変色し、手足の指さきに膿が溜まっていた。栄養失調で、感染症を患っている。菩薩のような顔のまわりに、蝿が飛びまわっていた。

ルカが戸口で私を呼び、無言の眼を伏せた。この赤ん坊は手足を腐らせ、もうすぐ死ぬ。私は家屋を出て、水をくれた農夫にビスケットの紙袋を押しつけると、出発する隊列に戻った。

呆然と感情を堪えた。神さま、仏さま、国会議員さま、なぜ生まれたばかりの赤ん坊が無残な死を強いられるんだ？

森を薙《な》ぐ雨と樹層の濃い霧が視界を覆った。雷鳴の近づく麓でカレン軍第3旅団の小隊と出会った。

小隊は、ミャンマー軍が接近する山里から逃れる村人らを護送していた。国連の人権理事会はミャンマー全土に推定五十万人を超える国内避難民が存在し、特にカレン州が最悪の状況にあると指摘しているが、避難中に襲撃された人々はこの数字に加えられていない。おそらく避難中に殺害された遺体の数は、生存している避難民の数より多いだろう。

村人らは竹で編んだ行李《こうり》や農耕具を背負い、子供たちを連れていた。子供たちは大きな荷袋を担ぎ、肩で息をしながら、子ジカのような眼で私を見つめた。

我々の部隊は第3旅団の小隊と別れ、麓の沼地に進んだ。

マングローブの沼地は洞窟のように暗く、水煙に包まれている。獣か、鳥か。甲高い声が森に谺し、太陽を乞う胞子植物の匂いがたちこめていた。

腕時計の液晶は摂氏三五℃を表示していた。呼吸が苦しく、鼓膜を衝くような耳鳴りと頭痛がする。熱中症の初期の兆候だが、処置はできない。編上靴の内側は包帯もほどけて、歩くたびに血の泡だつ音をさせていた。

唇を噛みながら、崖を登った。鉋《かんな》の刃で足の踵を抉られているような痛みが脈打っていた。時折、リアムが心配そうに私の顔を見にくるので、平静な表情を装わなければならなかった。峰雲に達する稜線は遠い。私は渇きつめた喉を喘がせ、崖を登り続けた。

作戦行軍の開始から六時間後に、部隊は山峰の尾根へ辿りついた。

兵士たちの顔にも疲労の表情がある。私は倒れるように座り込み、水筒のカバーを開けた。温まった水を飲もうとして躊躇した。ルカに注意されていたが、この作戦行軍は稜線の縦走を続けながら渓谷の川へ下るまで、水の補給ができないのだ。

水を失うことが怖かった。この六時間、舐めるように飲んでいた水も、残り少なかった。ジャングルの沢や岩穴の溜まり水は、寄生虫や菌類で汚染されているので飲むことができない。見わたすかぎり水源があるのに、その水を飲むことができない。

私は腕や胸に喰いついている数匹のヒルを銃剣で取り除いて、水筒を振った。編上靴の内側で、足の爪が剥がれかけているのがわかる。痛みというより、骨肉に響くような感覚があった。

ルカが笑顔で私の隣りに座った。彼は自分の水筒を私に差しだして、「飲みなよ《Drink》」と言った。見上げたやつだ、と私は思った。彼も喉は渇いている。水を飲みたいのを我慢してる。兵士たちは私に注目している。彼らは私の強さを見きわめようとしているはずだ。

「いや。ノーサンキューだ」

私はルカの好意を断り、ぐったりした顔で口笛を吹いて、水筒のカバーを閉じた。口からは唾もでなかった。

ふと視線を感じ、顔を上げた。曹長のマナトが倒木に座り、私を見ていた。

マナトは部隊でも歴戦の兵士だ。作戦行軍で隊列の最後を常に守り、M六五五ライフルを携え、肩のサスペンダーに小型の手榴弾を四つ吊るして音も無く歩く。彼はミャンマーの軍事政権に経済支援を続ける日本へ敵意を向け、日本人の私に対しても警戒心を解こうとしない。それは彼の態度によく表れていた。

マナトは不思議そうな眼で私を見ていた。彼は英語を話さない。私はベルゲンを背負い、笑顔を繕《つくろ》ってみせた。

彼は何も言わず、軽く頷いて眼を逸らした。


ジャングルは甲羅のような硬皮に覆われた巨木の森になった。

森のなかで、村里から逃げる避難民の衣服や食器が散らばった野宿の跡地を幾度となく目にした。子供の草履や、カレン族の刺繍をした髪飾りが落ちていた。戦禍に人々が棄てた、幸せの遺骸を見るようだった。

兵士たちの隊列が稜線に散開していく。眼下の峡谷から滝のような奔流が迸った。

椰子の葉が群生する急斜の崖を、私は朦朧と走り、滑落しては、泥土から這いあがった。

六本木のキャバクラで女の子を膝に座らせて酒を飲んだとき、自分は色男かもしれないと勘違いした。いまはミャンマーの戦場で銃を握り、反政府ゲリラの兵士たちとジャングルを走っている。俺は何をしているんだ?脚を引きずるように走り、また滑落し、泥土に浸かり、這いあがった。

峡谷を下りきると、そこは岩礁の浅瀬になっていた。部隊は小休止し、ボジョーが私を呼んで「大丈夫か?」と訊いた。

私は「余裕ですよ」と力なく答え、水筒のカバーを開いた。昏倒せずに立っているのが自分でも信じられなかった。

水を飲み、腰のガンベルトを外そうとして、手を止めた。その地響きを聞き、雷が落ちた音かと私は思った。

山峡の空に咆《ほう》するその音は「ドーン…ドーン…ドーン…ドーン…」と続いたあと、渓谷を震わすような地響きに変わる。榴弾砲を撃つ音だ。

ボジョーが「戦場だ」と言った。その顔は笑っていたが、鋭い眼は戦場の空を見据えて動かなかった。

迫撃砲の空

7月15日

カレン軍第5旅団管区の作戦拠点を統合する前線基地《FOB》に我々の部隊は到着した。竹林の青く茂る兵営地にはタングーへ出撃した小隊も帰還していた。タングーは、ミャンマーで最も死傷者の多い戦場だ。

作戦行軍を終えた我々の部隊は、この前線基地で偵察や哨戒任務の分隊に編成される。兵営地は無線機器の通信アンテナが設置され、兵士たちが小銃などを武器庫に運搬していた。

私には、ボジョーの司令室と隣接する一人用のバンガローが与えられた。司令室の前で小隊の兵士たちが私のほうを見て話しており、ルカとリアムが彼らに何か言いながら薪を燃やしていた。私の悪口でなければいいが、と思った。

簡素な武器庫には、M六〇軽機関銃や七九式狙撃銃などが保管されていた。冷戦時代の銃火器だが、いまもミャンマーのような内戦国で使用される銃火器を見ていると、国際政治の裏表が窺えるような気がした。アメリカ製の軽機関銃はベトナム戦争で使用されたものだ。中国製の狙撃銃はカンボジアの内戦に供給されていたものかもしれない。

ミャンマー製のBA六三小銃や擲弾筒もあった。カレン軍で独自に製造するM一六小銃が壁に架けられ、その下に置かれたTNT爆薬の木箱のなかで、灰色の子猫が眠っていた。

私は泥だらけの野戦服と編上靴を川で洗い、水浴びをして、バンガローに戻った。木の床にプラムが置かれていた。まだ熟した色ではないが、果物の甘い香りがした。噛ると、リンゴを薄味にしたような果汁がこぼれた。もぐもぐ食べていると、兵舎の窓からクロムェが顔を出して笑ってみせた。私はプラムを持った手をあげてみせて、カレン語で「Tablu（ありがとう）」と言った。

夜も雨が降り続いた。私は燭台に火を灯し、ハンモックに寝ながら漆黒の雨を眺めた。熱帯植物の葉で編んだ屋根から、蜒《ヤモリ》の鳴く声が聞こえる。ろうそくの火が明々と燃えて、ハンモックに寝る私の影を照らしていた。

四三kmの山岳行軍を終えた両足は散々な状態だった。剥がれた爪を消毒液で洗浄し、絆創膏を貼った。両足の指は残らず血腫で変色しているから、どのみち爪は全て剥がれる。踵の傷は肉が露出しているので、ドレッシング材を固定し、包帯を巻いた。痛みは耐えられても、厄介な感染症になる可能性がある。ジャングルは未知の病原体の巣だ。救急バッグに抗生物質の錠剤は入っているが、それを飲むようになるのは、傷が腐りだしたときになる。

バンガローの木戸を小さく叩く音がした。ハンモックから起きあがると、ルカが木戸を開けて、「気分はどう?」と訊いた。

「今日は世話になったな。脚を鍛えなおすよ」と私が答えると、ルカは右手に握った何かを差しだして「きみのだ《Yours》」と言った。カレン軍の部隊章だった。

ルカが木戸から出たあと、私は燭台の火あかりで部隊章を眺めた。その部隊章は一度、糸で縫いつけた跡があり、兵士たちの誰かが野戦服から取り外してくれたものだと判った。

ハンモックに寝ながら部隊章の色やかたちを眺めてるうちに、まぶたが重くなり、私は眠りこんでしまった。

7月16日

眩い暁光が雨露に濡れる竹の葉から零れ、兵営地は朝を迎えようとしていた。

私は深夜、二時頃に寒さで目を覚まし、短い眠りをくりかえした。標高差のある山峡は日没後、雨季でも気温が二〇度も下がる。乾季では気温が三〇度も下がり、朝は吐く息が白くみえるほどだ。

調理係の兵士たちは夜明け前に起床し、朝食の用意をする。兵営地の炊事場で米を炊く飯盒の匂いがして、木の実を擦る鉢の音が聞こえた。薪を火に擽《くべ》る兵士が私を見て微笑んだ。

リアムが「Ｇｏｌｕｇｅ（おはよう）」と言い、料理の盛られた食器を出してくれた。カレー粉で果実を和えた料理だ。クロムェが木の実を擦った鉢をくれた。香辛料の匂いがした。米に振りかけて食べ、すぐに後悔した。唐辛子だ。私が顔をしかめると、クロムェや調理係の兵士たちが笑った。囲炉裏にいた灰色の子猫が、私の隣りにきて座った。外国の人間と分かるのか、子猫は訝しそうに私の顔を見つめていた。

朝食が終わると、調理係の兵士たちは炊事場を出ていく。薪木を集めたり、食用の野草を刈ったり、水を汲《く》みに行くのだ。

私も水を汲む仕事を手伝うことにした。カレン族が水瓶として使用している大きな竹筒を私は四本も背負って、兵士たちが制止するのも聞かず、川沿いの井戸へ行った。

竹筒に井戸の水を汲んで肩に担ぐと、けっこうな重さだった。この竹筒は水を容れると一本一〇ｋｇの重さになることを、あとで知った。

雨の畦道は急な下り坂になっており、私は滑って転倒し、竹筒の水を失うたびに井戸へ戻った。何度も井戸へ戻るうちに私の野戦服は泥だらけになった。兵営地へ米袋を届ける荷夫たちが通りがかりに私を見て、気の毒そうに呼びとめ、竹筒の水をこぼさずに運べる歩きかたを教えてくれた。結論としては、荷夫たちの教えるとおり竹筒を一本だけ背負い、ゆっくり歩いて運んだほうが水を汲む仕事は早く終わる。ふてくされた私が川で野戦服を洗っていると、リアムが石鹸を持ってきてくれた。

精鋭無比のゲリラ兵士となるには、ジャングルを知らなければならない。部隊が編成される二日後まで、私はジャングルを探索して過ごした。植物の色や匂い、野生動物の鳴き声を、できるだけ覚えようとした。妖艶な花弁を咲かせる食虫植物があり、クワガタのような顎で威嚇する巨大アリが這っている。

ベルゲンにはサバイバルキットがあったが、梱包される素敵な小道具は、防水マッチやシグナルミラーなど、くだらないものばかりだとわかった。人間とは、自然界で最も弱い生き物だと感じた。このジャングルでは、私よりもフクロウのほうが格段に高度な知能を持って生きている。

神秘のジャングルは生命に無慈悲だ。戦地の銃弾を潜り抜けてきた兵士が、雨季の土石流や、増水した川で死ぬ。マラリアで死ぬ。兵士たちの多くが、マラリアを患っていた。ミャンマーのカレン州は、東南アジアで最悪のマラリア汚染地域でもある。最悪の意味とは、感染率というより、その治療法が失われている現状にある。

マラリアを媒介するハマダラ蚊は大きな蚊で、こいつが飛んでくると、私は刺されないように動きまわり、汗をかき、息を切らす。蚊は人間の体熱と呼気の二酸化炭素を感知するので、たくさんのハマダラ蚊が私を刺そうと、よけいに集まってくる。

マラリアは、ハマダラ蚊の雌が人間の体内に原虫を寄生させることで発症する。血液の赤血球に侵食する原虫は四種類あり、どれも重篤な症状を引き起こす。脳性マラリアでは発症から四十八時間以内に投薬治療を施さないと最悪、死亡する。回復しても、失明や脳疾患など、深刻な後遺症を残す恐れがある。マラリア抗薬は多数の種類があり、どれも副作用を及ぼす。個人差にも拠るが、投薬は心身に重い負担となる。そしてマラリア抗薬の大半は、ミャンマーのマラリア予防に効果がない。日本の医者は国外感染症の知識に乏しく、過去に多くのマラリア患者を体調不振と誤診して死なせている。

人間はジャングルの王者になれない。毒を持つ生き物には勝てないからだ。しかし私のようにジャングルで生活した者であれば、毒を持つ生き物だから危険生物だと決めつけることはしない。カレン州のジャングルにはサソリやタランチュラが棲息しているが、それらは危険生物の代名詞だと誤解されている。不気味なビジュアルのせいだろう。でもこういう生き物は人間に危害を加える意思を持たず、片手で追い払えば一目散に逃げていく。タランチュラのような毒グモは繊細な生き物で、人間の存在を怖れている。タランチュラが現れるのは、巣の通り道に我々が立ち入っているような場合で、それでも彼らから毒牙を向けてくることはない。

サソリは出産のために暖かい場所をさがし、夜は靴下や手袋のなかに隠れようとするから注意がいる。もちろんサソリに悪気はない。どちらも見かけたからといって殺す必要のない生き物だ。

本当の危険生物を見わける方法は簡単で、人間に危害を加える意思がある生物は、手で追い払っても近づいてくる。

マラリアや、デング熱を媒介する蚊、皮膚に寄生する顎口虫、肝臓に侵食する住血吸虫。これらの危険生物には病原菌があり、人間を死に至らせる。どれだけ鍛え上げた身体でも、寄生虫や病原菌には勝てない。脳性マラリアが町で発症すれば病院へ行けるが、戦線では後方搬送までに四日を要する。その四日間で昏睡状態に陥って死ぬ。病院で治療を受ければ助かったはずの傷病死は、戦死よりも遥かに多いのだ。

東南アジアでも、タイやインドネシア、ミャンマーのジャングルは、毒ヘビが多数棲息する地域として知られている。毒ヘビが人間に危害を加える状況は限られており、彼らを怒らせなければ攻撃される確率は低いのだが、しばし我々は彼らとジャングルで不幸な対面をすることがある。

カレン州のジャングルにはグリーン・マンバに似た毒へビが棲息している。バンコクのスネーク・ファーム研究所まで行って調べたが、正確な学名は解らなかった。ぱっちりとした目で、愛らしい顔のへビだが、コブラよりも強い猛毒を持っており、こいつに咬まれると人間は三時間ぐらいで死んでしまう。

ある日、私が川で水浴びしたあと、タオルを手に取ろうとしたら、この毒へビがいた。数十センチの近さだった。私も速く動けるが、毒へビは私より速く動ける。人間が近くにいれば普通は毒へビのほうからいなくなる。しかし、この毒へビはタオルの肌ざわりがお気に召したらしく、のんびりと居座りはじめた。

私は好感度を上げるべく、身動きせずにいた。毒へビは日が暮れるまで、私のタオルでくつろぎ、宵《よい》の風が吹きだすころに、するすると自分の棲み家へ帰っていった。おかげで私は風邪をひき、二、三日、くしゃみと鼻水が止まらなかった。

傭兵の条件の一つは体力だ。自衛隊でも、フランス外人部隊でも、兵士が三人集まって酒を飲めば、これまで戦地や演習地で体験した「苛酷な状況」を競って語るだろう。我がカレン軍には自衛隊やフランス外人部隊と比べて、これだけは負けないという苛酷な状況がある。

それは飢えだ。カレン軍の兵士は、飢えを知る兵士でもある。カレン軍の兵士にとって、

上：中：チェコ製の狙撃銃を持つ著者と前線基地の塹壕

下：著者のバンガローと小隊兵舎

飢えは日常にすぎない。兵士たちには食糧難の普遍的な環境があり、空腹には強い耐性がある。

私は戦線に来てすぐ、空腹に悩まされるようになった。なにしろ、朝は野草のスープ、米、茹でた豆、昼は食事が無く、夕方は米と干した小魚のみ、という献立が続く。

毎日、私は空腹を我慢するため、きつくスカーフで腹まわりを縛っていた。戦線は無論、後方基地でも食料の供給を維持できなくなる時季がある。雨季のジャングルでは鳥も魚も獲れなくなる。カレン軍の兵士となった私が最初に見たダワドの戦線は地面の掘った穴に溜めた泥水で飯盒の米を伽《と》いでいた。それにノネズミのペッパー・グリルを盛りつけるという豪勢な野戦食だ。そういうものは心理的な要因もあるが、まず身体が丈夫でなければ食べることはできない。酒や偏食、不摂生を引きずる胃腸は、じきにジャングルで壊れる。

カレン軍の兵士たちは狩猟の技術を身につけ、野生動物を追跡して捕らえることに慣れていた。

シカでもアナグマでも、大トカゲでも、野生動物は独自の獣道を持っている。夜行性で広範囲を移動する山猫なども、GPSを搭載したように正確な帰巣本能がある。野生動物たちは体毛を樹木に擦りつけ、爪や唾液の痕で縄張りを示し、特有の方法で草陰や地中に巣を作っている。それを見つけるのは容易ではない。だが、どんな野生動物の獣道にも共通するのは、必ず最短距離で水源地帯へ移動できるようになっていることだ。ジャングルでは地図や磁石が無くても、獣道を追跡すれば、いずれ水辺へ辿りつける。

兵士たちが鳥や魚を必要な量しか獲らないことに、私は感心した。不要な殺生をしない。たくさんの魚を川で見ても、食糧に足りる量しか獲らない。毎日我々は空腹なのだから、獲れるだけ捕らえて備蓄するべきだと思うのだが、明日の食糧は、明日また獲ればよい、というのがカレン族の考えかたのようだ。

我々は作戦行軍時に、笹の葉に包んで炊いた餅米を糧食にする。十センチほどのライス・スティックで、味は無い。たぶん醤油や味噌を塗れば多少は美味くなるはずだが、試したことはない。どしゃぶりの雨に打たれながら、それを咀嚼《そしゃく》するだけだ。

偵察隊の兵士たちは、崖を登りながら、野生の草の葉や小枝の実を、さっと手に取って食べていく。どれが食用の植物なのか私には見わけがつかない。同じまねをして腹を壊したくない。私にも見わけがつくのはバナナぐらいだ。カレン州のジャングルにはバナナの木を群生させる湿地がある。糖質の含まれる果物を行軍中に食べると、身体の血糖が充填されていくのを感じる。

飢えると身体には変調が起こりはじめる。朝からベルゲンを背負うと、貧血で転倒する。

見当識は正常だが、思考力は鈍り、倦怠感に陥りやすくなる。空腹は苦痛だ。しかし十日もすれば慣れてくる。胃袋が収縮し、身体も痩せてしまうからだ。この時季、カレン軍は最前線に輸送する糧食が常に不足しており、塹壕の守備隊は餅米に唐辛子の殻をまぶした糧食だけで飢えを凌いでいた。

7月18日

部隊の編成を控えて、装備を点検した。ガンベルトに装着したM9の銃剣を見ながら、まことに基本がなっていない、と私は理解しはじめた。こんな重い銃剣を持ってくるとは呪いをかけられていたとしか思えない。最初のうちは知識が無いから、つい見かけ重視の装備を購入してしまう。グレネードポーチをガンベルトに付けていたが、村の子供たちに食べさせる飴玉を入れるぐらいしか使い道がなかった。アンダーウェアは念入りにパタゴニア製で、モスグリーンの色をしたパンツを買った。だが二度、三度と戦線へ行くうちに、一〇〇円ショップのパンツで充分なのだと気づくようになった。そうやって人は成長するものだ。

ボジョーは、各旅団の将校たちと作戦会議をする時間を除けば、司令室で読書をしていることが多かった。この日、ボジョーは「オキモトを歓迎しよう」と言いだして、水牛をカービン銃で撃ってきてくれた。

出撃前の兵士たちは、小銃や弾薬の点検に余念がなかった。時間をかけて、銃身と弾倉を分解し、作動調整を行っていた。問題が起こりやすいのは弾倉で、湿気や気温の変化が金属を結露させ、送弾のスプリングに錆びを生じさせる。また、ジャングルでは草木の種子や羽虫などが銃身から侵入し、作動箇所のグリスに付着して、排莢不良の原因になる。兵士たちは布で磨いた実包をビニール袋に詰めて保管していた。

カレン軍が保有する銃火器は複数の国を経由している。日本の通貨で換算すると、中国製のAK五六突撃銃が八万円、シンガポール製のSAR八〇小銃が六万円、五・五六mm弾が一発一四円ぐらいだ。銃火器の価格は相場が常に安定しているわけでなく、経由する国の政情にも影響される。

銃は世界に市場がある。人間の愛も友情も国籍の制約を受けるが、銃には制約が無い。人種や宗教は差別を受けるが、銃は差別されない。銃は製造国を問わず、世界全土に流出し、善悪の基準なく人命を奪う。アメリカ製のM4小銃も、ドイツ製のMP5短機関銃も、ミャンマーの戦場で使用されている。銃ほど国際的で、世界の現実を象徴する産物はないだろう。

我々は午後から射撃訓練をした。Ｍ一六、ＢＡ六三小銃、ＡＫ四七突撃銃、それにコルトやブローニングの軍用拳銃を使用したが、兵士たちの射撃訓練は極めて実戦的だった。約六〇ｍの距離から直径五〇ｃｍの木片を標的にして、銃を向ける。射撃姿勢は取らず、走り、伏せて、銃を撃つ。兵士の一人は小柄だが、Ｍ一六を走りながら撃ち、ほとんど全弾を標的の木片に命中させていた。凄い奴だ。

私の出番になった。兵士たちが私語を中断し、私のほうを見た。エクスペンタブルズのように銃を華麗に操りたかった。だが、軍用小銃を撃ったのは十五年前の台湾が最後だ。

私はＡＫ四七を走りながら撃ち、伏せ、地面に膝をぶつけて、よたよたと走り、硝煙に目を細めながら戦果を確かめた。森の守護神がいるかのように、標的の木片は無傷だった。

「見えるか？　俺は、あれを撃ったんだ」私は標的から一ｋｍ以上離れたココナツの木を指さした。兵士たちは大笑いだ。

我々は、銃火器を道具として見ている。ミリタリーファンを魅了するような密林のガン・テクニックは存在しない。ジャングルでは、たった五ｍの距離で前後の視程を失う。倒れた腐木の向こうには何があるのか判らない。映画の兵士役が演じるように、照準器を凝視しながら歩けば地雷や擬装爆弾の形跡を見おとしてしまう。それに、我々のＭ一六や

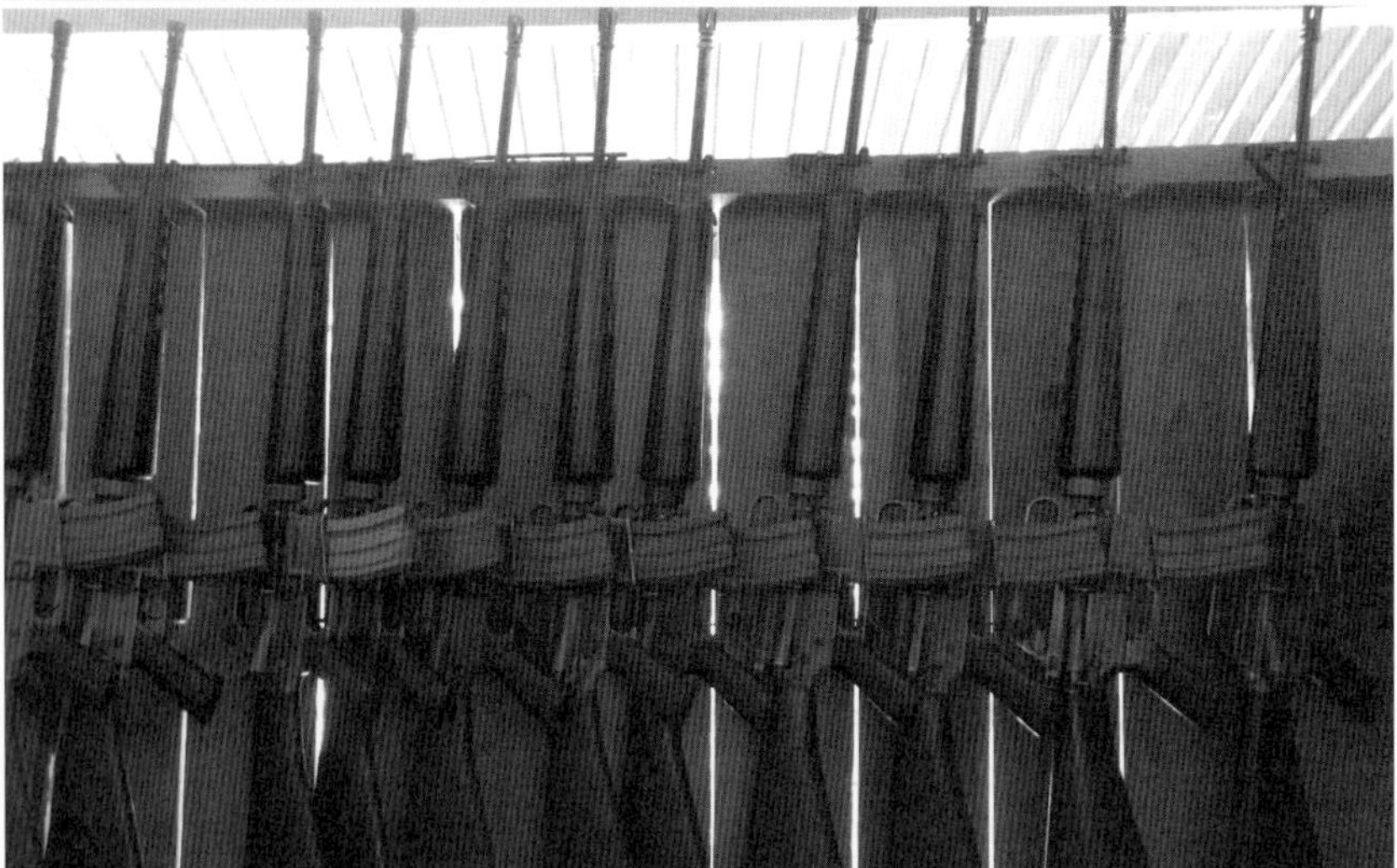

上：中：カレン軍が製造する軍用小銃

下：ロアレシーバーにカレン族の紋章が刻印されている

ＡＫ四七は大抵、照準器が壊れている。内戦国で兵士に支給されるのは、最新型のエイム・ポイント付きＭ４Ｓではなく、ハンドガードの壊れたＭ一六だと思ったほうがいい。世界には多くの高性能な軍用小銃がある。しかし結局、実戦に適した銃火器というのは種類が決まってくるのだ。

ＡＫ四七型の軍用小銃は前部に重心が偏っているので、保持する射手の負担が大きい。長距離の作戦行軍では、肩に担いだり、腕に抱えたり、とにかく重く、持ち運びに苦労する。だが頑丈で故障しない。作動不良もない。構造部品が少ないためだ。簡単に分解でき、ボルトやスプリングの状態を容易に目視できる。Ｍ一六型の五・五六ｍｍ弾は竹林で跳弾を発生させるが、ＡＫ四七型の七・六二ｍｍ弾は岩も貫通する。

軍用小銃は連射が可能だ。連射で撃つと弾幕にはなるが、弾倉は四秒で空になる。連射で撃つ銃弾の軌道が安定しているのは初弾から三、四発で、それ以上は照準を大きく外れて跳んでいく。銃弾は数えながら撃たなければならない。弾倉に二十八発を装填したら、二発の連射で十四回の射撃が可能だ。十四回の射撃を終えると同時に、弾倉の交換手順を行わなければならない。

実戦は単純な鉄則がある。まず、敵兵を確認する。撃つまえに、もう一度それが本当に敵兵なのかを確認する。それぐらい実戦は友軍誤射が多発する。密林では、すぐに隊列の火線が重なるのだ。

密林は銃声が何重にも反響し、敵兵の距離も方向も判らなくなる。遭遇戦で有効な戦術など無い。敵兵が戦闘部隊なら支援火器を必ず持っている。RPG砲のロケット弾が発射されたら小隊の防御ラインは吹きとぶ。爆風に鼓膜を破られたら、密林の交戦で生存率は限りなくゼロに近くなる。


タイは軍人の多い国というだけでなく、世界中の兵士が休暇に訪れており、街の酒場や射撃場にいると彼らから話しかけられることがある。これはタイ軍のレンジャー隊員から聞いた話だが、タイ国境のメーサイで、麻薬組織の輸送兵団を標的としたタイ軍の特殊部隊による強襲作戦があった。麻薬組織とは、ワ州連合軍だ。しかし作戦地点の情報が正確でなく、タイ軍の特殊部隊は、ワ州連合軍と不意の遭遇戦になってしまった。

ワ州連合軍は東南アジア最大の麻薬ゲリラだ。その輸送兵団は重武装で、タイ軍の特殊部隊はミャンマーの国境へ追われ、あっというまに包囲されてしまった。

「強襲作戦の準備には一年を費やした」と、そのレンジャー隊員は言った。「作戦は予期せぬ失敗から最悪の事態を招いてしまった。隊員たちは暗視装置と消音器付き短機関銃を持っていたが、ミャンマーの国境で十一時間、敵が立ち去るのを待つしかなかったんだ」

ワ州連合軍（Photo by UWSA）

実戦を経験した兵士の話は虚勢が無い。つい先日も、ワ州連合軍は管区の麻薬ルートを侵したタイマフィアと抗争になり、散弾銃や自動小銃で応戦する五十三人のタイマフィア全員を生け捕りにした。ワ州連合軍にとっては朝めし前の一戦だったろう。

強襲作戦に失敗したタイ軍特殊部隊の隊員たちは、ワ州連合軍と戦闘をせず退避に徹したから、捕虜とならずに逃げきることができた。その意味で、隊員たちは作戦任務に失敗したが、戦術判断に失敗はなかったと言える。形勢不利の遭遇戦で、全員が生還しているからだ。

百発百中で敵を倒せるのはシューティングゲームの主人公だけだ。遭遇戦で死ぬ兵士の大半は、十五ｍ以内の至近距離で被弾する。十五ｍの火線で役に立つ究極の戦術は無い。実戦は敵の勢力圏で始まる状況ばかりだ。敵の初弾が先を制し、仲間を護ろうとする兵士から真っ先に撃たれる。その十五ｍで自分の生死を決めるのは、銃の性能や戦術でなく、兵士個人の意志だと私は思う。

ミャンマーの内戦は中国やインドなど大国の思惑と無関係ではない。ミャンマーの経済市場へ進出する先進国が一致して、内戦の終結を希求するという単純な情勢ではないのだ。これまでも非公式に、ミャンマー軍と武装勢力の停戦交渉を妥結させる局面はあったが、必ず直前になると議事撤回や人事の更迭で和平は破棄されてきた。その背景には大国が兵器産業の利潤を求め、ミャンマーの内戦に介在している実態がある。台湾、イスラエルの兵器市場で売却できない劣性兵器や条約違反の破壊兵器も、ミャンマーのような武器禁輸国は高値で買う。その内戦が長期化するほど、大国の兵器産業は利益を増幅させることができる。

二〇〇七年にラオスの反共ゲリラが、アメリカから武器を密輸しようと計画してFBIに逮捕された。ラオスの反共ゲリラといえばモン族だ。アメリカは国益を法で解釈するような国ではない。ラオスの社会主義政権はベトナム戦争からアメリカの仇敵で、モン族の反共ゲリラはアメリカの軍事支援を受けて北ベトナム軍やラオスの赤軍と戦った。

ベトナム戦争から三十年以上を経て、なぜモン族の反共ゲリラは、アメリカから武器を密輸しようと計画したのだろう。この答えは単純だ。彼らはアメリカの援護を求めたか、アメリカの援護を受けていたのだろう。彼らが十二億円もの資金で、アメリカから密輸しようと計画したのはスティンガーミサイルだった。これは地対空兵器だ。銃や弾薬の密輸とは事件性が違う。

モン族の反共ゲリラがアメリカからスティンガーミサイルの密輸を企てた。それは国際正義の闇に葬られ、真相は報道されない。だが、どこかに真相を知る者はいる。彼らは、彼らの声を聞ける相手にしか真相を語らないのかもしれない。

　大雨の日に、私がホイクワン駅からタクシーに乗ると、年老いた運転手から「あんた、兵士だな」と言い当てられたことがあった。その運転手はモン族の男で、「俺はベトナム戦争の帰還兵だ」と左腕に彫った落下傘のタトゥーを見せた。彼はラオスの内戦でアメリカ軍の徴兵に志願し、北ベトナムに派遣された兵士だった。

「アメリカ軍がベトナム戦争に敗けて、ラオスでは大勢のモン族が殺されたんだ」

　彼は運転席のサンシェードに挟んだ古い写真を見せ、「俺はタイの難民キャンプへ逃げて保護された。帰る国を失ったよ」と話した。その古い写真には、アメリカ空軍の輸送機と、空挺部隊の兵士だった若き彼の姿があった。

　ベトナム戦争の終結はアメリカ軍の敗戦というだけではなく、彼らモン族のように利用され、歴史から抹殺された少数民族の傭兵たちの最期でもあった。

　かつての彼らの戦場は新しい市街に変わり、彼らも運転手や使用人に姿を変えた。でも故郷の記憶は変わらない。町のかたすみで彼らは、いまも帰れぬ故郷を夢見ているのだろう。

　いつの時代も国益の一致こそが、国際正義の正体だ。カレン軍は第三国に利用されない武力を独立して持つ必要がある。しかしカレン州は、カチン州やシャン州のように、宝石、麻薬を売買する利権が無い。何より、カレン軍は麻薬を嫌っている。

良心ゆえに、勝てない。ボジョーと兵士たちを見ていて、そう私は思った。

7月19日

前線基地は日夜、ミャンマー軍の動向を捉える交信が途絶えなかった。

私は偵察や哨戒任務の部隊と兵営地で数日を過ごした。いつもリアムが一緒で、どこへ行くときにも後ろを歩いてついてきた。いろんな世界のものごとを彼は知りたがっていて、私の話しには何でも興味を示した。

「オキモトが生まれたのは、どんなところなの?」

「俺が生まれたところは、こんなに暑くない。日本で一番寒くて、雪が降るんだ」

「雪って見たことがないよ。遠くの山には、それがあるみたいだけど。ねえ、雪が降るとアイスクリームを作るんでしょ?」

リアムが真顔で質問しているので、私は笑わずに、雪ではアイスクリームが作れないことを話した。彼が手にできないものを気やすく話すべきではないと考えながら、この戦場から彼を連れ出して、洋服や音楽や食べ歩きに夢中な若者たちの街を観せたいと思った。ハーゲンダッツに行ったら、バニラ、チョコレート、ストロベリー、いつまでもリアムは目移りして注文を決められないだろう。それは私も同じだが。

リアムはアイスクリームさえ食べたことがなかったが、ボジョーの部隊に共通する兵士の気高さを備えていた。彼は腕時計を持っておらず、私のスントが計測表示を点滅させるとき、憧れの眼を向けていた。

私はスントを腕から取りはずして彼に言った。

「持ってろ、おまえにやるよ」

リアムは首を振った。

「もらえないよ、見てるだけでいいんだ」

「おまえには腕時計が無い。欲しいんだろ？」

「ぼくとオキモトは友だちだ。高価な贈り物をもらいたくない」リアムは頭上を指さして言った。「それに、ぼくは腕時計が無くても空を見れば時間が解るから」

リアムの全財産は、カレン族の刺繡をしたバッグ、AK四七突撃銃の弾帯と、剣鉈、英語の辞書、電池式のウォークマンだけだったが、彼は私の前で決して何かを欲しがろうとしなかった。装備の量は私のほうが多いのに、兵士の資力ではリアムが断然勝っていた。

世界有数の経済大国で私は生まれ育ちながら、カレン軍の兵士たちに何も教えることができず、いつも逆に彼らから何かを教えられている気がした。

たとえばコウという曹長がいる。コウはカナダで難民の子として育った。彼は、少年期を難民に寛容な地域で過ごし、自由の喜びを大いに体感して成長した。学校では友人にも恵まれ、白人のガールフレンドもできた。彼はカナダの定住権が認められ、就職の進路も決まろうとしていた。だがその時期に彼は、カレン族の村里がミャンマー軍に襲撃される映像をCNNのニュースで見た。

コウはカナダで就職せず、出国の手続きをした。難民の定住権を棄権すると、再取得の機会は無くなることを、窓口の係官が念を押して説明した。それでもコウは出国し、ミャンマーに戻った。そしてコウは、カレン軍の兵士を志願した。

志願の理由を、コウは簡潔に答えた。

「俺はカレン族です。だからカレン族として生きるために、ここで戦います」

コウの言葉を聞いて、問われるのは彼ではなく、私自身であるように思えた。もし私がカレン族だとしたら、コウと同じ答えを選ぶだろうか。

カレン軍の兵士たちと共にした行動では、こんな場面もあった。

我々は山岳地帯で長距離の縦走をする場合、必ず単独でなく相棒《バディ》が伴走を務めるようになっている。敵兵の攻撃や触雷（※地雷に接触すること）などの緊急事態に備えるためだ。私がカレン軍の第5旅団管区から国境へ戻る日に、ティムという名の若い兵士が相棒になった。

そこは補給路の分岐点となる山峡で、私とティムは猛雨の稜線を二人で登り、落雷のジャングルを踏破して国境の村落へ辿りついた。

途中、風雨は稜線の急斜面で洪水のような弄流をつくり、我々は小銃を膝で支え持ち、体勢を保つため何度も脚を踏みこらえた。ティムは安全な登攀路を確保しようと、私より先に崩れた地盤を登り、時折、肩で苦しそうに息をついていた。カレン軍の兵士でも踏破の困難な耐久縦走だった。

私は村長の家にベルゲンを放り投げて、井戸の水を借り、疲労困憊した身体を洗った。車イスで搬送されたいぐらいだった。一歩たりとも動きたくなかった。

私がパンツ一枚で村長の家から出ると、カレン軍の哨戒分隊が出撃する準備をしており、その隊列にティムが並んでいた。

「おまえ、どこへ行くつもりだ」私は驚いてティムに尋ねた。

ティムは英語を話せない。分隊の軍曹が説明した。ティムは明朝、グースヒルの守備隊と合流する命令を受けていたのだという。

グースヒルとは鴨の首に似た地形から名付けられた戦線で、その守備隊は第5旅団管区の最北位に駐留している。国境から出撃すれば三十ｋｍの縦走距離だ。いまの時刻から出撃すれば、嵐の山岳地帯で夜になってしまう。

「馬鹿野郎、どうしてここまで来たんだ」私は呆気にとられ、おもわず怒鳴るような声でティムに詰問した。「なぜおまえは俺と一緒に、ここへ来たんだ？」

軍曹が通訳すると、すこしティムは得意げな顔で答えた。軍曹が私にそれを伝えた。

「オキモトを護ることが役目だった、俺はオキモトの相棒《バディ》だったからな、とティムは言ってます」

私は唖然としてティムを見た。このとき、まだティムと私は部隊で出会ったばかりだった。ほかの兵士と私の相棒を代わることができたはずだ。

これからティムは往復で五十ｋｍの山岳行軍に耐えなければならない。自衛官であれば荒天の山岳地帯五十ｋｍに及ぶ耐久縦走を想像できるだろう。

損か得か、日本人は二択の考えかたが経済社会で身に染みついている。商人の思想だ。この場面で自衛官なら、どんな言葉を相棒に伝えるだろうか。

私がうまく礼の言葉をみつけられずにいると、ティムが笑いながらカレン語で何か言った。

軍曹が頭をかきながら「はやくズボンを履いたほうがいいよ、とティムが言ってます」と私に伝えた。

夜のジャングルは生命の謳歌に包まれる。獣、猛禽、無数の昆虫が、死生を交えて合唱する。

私と兵士たちはバンガローで騒がしく話しをした。兵士たちは若者らしく、ちょっとした金具でチョーカーを作ったり、Tシャツの袖丈をカットして着たり、一生懸命おしゃれをしていた。ルカがラムジーの家からヤシ酒を一本かっぱらってきたので、それを我々はがぶがぶ飲んだ。

兵営地の小隊から話しに加わろうと懐中電灯を持って来る者が何人もいた。クロムェが炊事場で里芋のポテトチップスを揚げ、もう一本ラムジーの家からヤシ酒を頂いてくるかと我々は悪だくみをはじめた。修学旅行の夜みたいな雰囲気だった。時間が経つにつれて、それぞれ兵士たちは仲の良い三、四人のグループで話しこむようになり、その様子を私はハンモックに寝ころんで眺めた。

「オキモトはカレン族のドン・ダンスを見てないだろ?」とルカが訊いた。

「村の女の子たちが白いドレスで踊るんだ。とてもきれいだよ」とリアムが言った。

「踊りにはカレン族に生まれた喜びや感謝の意味が込められてる。ドン・ダンスで花咲く大地《コートレイ》を祝うんだ」

「花咲く大地か」

それ以上、思ったことを私は言わなかった。カレン族の文化や風習について兵士たちは積極的に話そうとする。だが聞いてるうちに、彼らの話しはどれも過去形で、過ぎ去った日の思い出を語っているのだとわかる。皆、十年、二十年が過ぎた故郷の思い出を、つい昨日のことのように語ろうとする。

カレン州の内戦地帯はミャンマー軍の支配領域が波形状に延び、侵攻された村里は千人が一度に国境へ避難する。花咲く大地があるのなら、どこでカレン族はドン・ダンスを踊ったのだろう。ルカとリアムは、いつ村の女たちが白いドレスで踊るのを見たのだろうか。

雨季の夜空に珍しく、星あかりがあった。リアムがギターを弾き、カレン語の歌を聴かせてくれた。

歌詞には、カレン族の農夫が登場する。青空の太陽が瑞穂に射し、田を耕す農夫はその手で土に触れ、水の濁りを攫《さら》い、穂草の根を洗う。竹の笠に隠れる農夫の顔は日焼けし、歳月が刻まれ、その眼は大地の恵みを映している。

山河の風景が変わらぬように、生涯の姿を変えぬ人間もいる。夕暮れどき、農夫は仕事を終えて、家に帰る一日の最後を幸せだと思う。そんな歌だ。

リアムの父親は、ミャンマー軍の侵攻で土地を奪われた農夫だった。この戦争が終わったら、どんな仕事をしたいのか、私はリアムに訊いた。

彼は屈託なく笑い、戦争が終わったら自分も農夫になり、父親と一緒に畑仕事をしたいと答えた。

私はハンモックに寝ころびながら、リアムの歌声を聴き、彼らの戦争を考えた。彼らは戦場でなく、どこか違う場所で生きることができるのかもしれない。だがそれは、彼らの戦争を終わらせることにはならない。この戦場こそ、カレン族の故郷なのだ。

夜明けまえに、私はハンモックで目を覚ました。いつのまにか眠ってしまった。ジャングルは冷雨に覆われていたが、寒さを感じなかった。

私はハンモックから起きあがり、毛布を掛けられていることに気がついた。

7月20日

迫撃砲の音が、雨の稜線に轟いていた。着弾の間隔は断続的で、地響きが重なり、森の鳥がすべて死に絶えたように鳴かなくなる。

この兵営地で、私はソディという若い中尉に出会った。ソディは三十三歳、タングーの戦線を守備する部隊の指揮を任されていた。

ソディは冷静にカレン軍の戦場を語った。兵士たちの故郷と、その生い立ちだ。幼い頃に、ミャンマー軍の侵攻で故郷の家族と生き別れになり、薄れゆく記憶を頼りに、父母や姉妹をさがす兵士たちがいる。

ミャンマー軍に家族を殺されて孤児となる子供は、生き延びる選択肢が限られている。タトンの僧院に引き取られる者もいれば、ムセの町で人身売買に出される者もいる。この戦場で、カレン軍の兵士になる者もいる。家族のかたきを討つために、カレン軍の兵士を志願し、二十四、五歳で戦死する。報われぬ無数の若き亡骸がカレン族の大地に朽ち果てようとしている。

雨の飛沫《ひまつ》が樹木の葉を白く光らせ、水煙に捲かれた密林で砲撃の音が低く、遠くなる。敵地の空を、カレン軍の兵士たちが睨んでいる。

兵士たちの声は兵士だけが聞ける

　私はＡＫ四七の弾倉を点検した。装弾の状態を確かめ、一弾一弾を取り出し、再び慎重に装填した。ミャンマー軍が包囲するダワドの戦線まで、この兵営地から二時間の距離だという。もし逆に、ミャンマー軍がダワドの戦線を陥落させたら、この兵営地に二時間で到達できるということだ。戦場に来たのだということを嫌でも実感できるようになった。怖くはない、と言えるはずがない。

　カレン軍の兵士たちは多くが二十代と三十代で、少年期から戦場を生き抜いてきた者ばかりだ。迫撃砲の地響きを聞く若い顔にも動じる表情はない。ふと、敵地の空から逸れた彼らの眼が私を捉え、微笑んでみせる。

　見事なものだ。死と向かい合わせになった場所で笑顔になれる。もし明日が生還を期せぬ出撃になるとしたら、私は笑顔になれるだろうか。自分の覚悟を試す生きかたをしなくなってから、長い年月が経っている。

　兵舎に小銃と弾薬箱が積まれ、カレン軍旗が置かれた。無線機の周波数が切り換えられ、部隊の作戦編成が行われた。

　兵士たちは整然とＭ一六の作動を確かめ、弾倉を交換し、装填させ、出撃の号令を待っていた。その顔には悲嘆も、哀しみもない。言い尽くせぬ胸の想いを、誰も声にはしない。日記を書く者も、神の加護を願う者も、いまは銃を手に取り、兵士として戦う。

難民キャンプへ逃げる道は誰でも知っている。兵士が始めた戦争ではない。強制された兵役でもない。戦場の矛盾は歴然としている。しかし、逃げる者たちを責める兵士の声はここで一度として聞いたことがない。十代の新兵ですら、兵士は矛盾のために戦うのだと理解している。戦火から逃がれる者たちの盾として、兵士は戦う。

勝利。栄光。彼らが信じるのは、そんな言葉ではないのだろう。讃えられる嘘も、見せものにされる悲劇も、この戦場には無い。英雄はいない。ただ戦火に立ち向かう者たちの姿があるだけだ。

砲撃を突破してきた分隊が兵営地に戻り、弾薬を補給し、今度は守備隊の増援で塹壕へ向かう。

負傷した兵士が担架で担がれ、木戸の外に寝かされた。顔に白布が巻かれ、右腕に被せられた麻袋から血が滴っている。点滴のパックを支え持つ衛生兵が無言で私を見つめて、訴えかけるような表情をうかべた。

血に染まる担架が、パドゥアの咲いた雨の山道を下りていく。カレン族に語り継がれる「花咲く大地《コートレイ》」は、血を流す兵士が眠る永遠の故国になった。

兵士の一人が鉛筆を持ち、弾薬箱の上で紙きれに文字を書いていた。兵士はその紙片をソディに預けて隊列へ走っていった。

「それは？」と私は訊いた。

「手紙さ」ソディが答えた。「彼の母親に届ける」

私は、手紙に書かれた短いカレン語の意味を尋ねた。ソディは野戦服のポケットに紙片を入れて言った。

「生んでくれてありがとう、だよ」

雨と泥に汚れた野戦服で、重装備を背負い、M一六小銃の銃把を握り、若き兵士たちは再び死地へ行く。

私は、彼らが戦う理由を見たような気がした。故郷の森は焼かれ、父母や姉妹は村里を追われ、物心つく頃に見た家族の風景は戦火に消えていく。彼らは家族を奪った戦場に、薄れゆく家族の記憶を留めようとしているのではないだろうか。

子猫が私の膝にきて座り、寂しそうな鳴き声をあげた。

7月21日

早朝、我々の部隊はミャンマー軍が展開する山峡へ向かった。兵営地から北は、ミャンマー軍が包囲するダワドの戦線だ。

兵士たちの持つ弾倉の数から、遭遇戦に備えていることが判った。ミャンマー軍は通常、カレン州のジャングルで小隊以下の作戦行動をしない。ミャンマー軍はカレン軍の迎撃を恐れており、作戦拠点の進攻には大規模な兵力を使う。

偶発的な戦闘が起きるのはミャンマー兵がカレン族の村里に接近したときだ。その遭遇戦は毎日のように起きている。特に危険なのはカレン族の女たちが暮らす州境の村里だった。ミャンマー兵が狙うのは州境の山道を行き帰りする女たちで、連れ去られて暴行され、口封じのために殺されてしまう。

ミャンマー兵の組織的暴行が追及されないのは、少数民族の女たちが暴行後には殺され、情報提供者にも危害が及ぶためだ。ミャンマー兵には暴行した女を異常な方法で殺す連中もいる。アムネスティなど国際人権団体の調査報告書はそれを「性被害の深刻な現状」と指摘する。性被害とはお上品な表現だ。戦場を知らない人権論者は、強姦されて喉を切り裂かれた女の死体を見たことがないのだろう。

マナトが軍用地図を手に持ち、兵士たちと話していた。等高線上の手書きされた記号に、私が「Ｂｕｒｍｅｓｅ？（ミャンマー軍か？）」と訊くと、兵士たちが頷いた。麓から渓谷まで下ると接敵地点になる。

雨の森は暗く、爬獣の蠕鳴《ぜんめい》が殷々《いんいん》と響いていた。部隊は山峡を下る途中、広葉林に隠れるカレン族の集落を通った。

断崖の陰に粗末な小屋が並び、劣悪な環境で人々が暮らしていた。小屋の窓には野草や木の実が干され、古びた竹の桶と、発泡スチロールの容器が置かれている。

この集落には地雷の犠牲者たちがいた。義足を装着した男が、私たちに茶碗の水を用意してくれた。私は茶碗に入りこんだテントウ虫をつまみ出して、その水を飲みほした。

兵士の一人が、集落の男たちにミャンマー軍の情報を尋ねた。義足を装着した男のほか、両手首を欠損し、顔を酷く損傷して、失明した男もいた。

ミャンマー軍はカレン族の村を襲うとき、農夫が耕す田畑や、子供が魚獲りをする川岸などに地雷を投擲する。中国製の七二式対人地雷が大量に使用されている。失明した男は農作業をしていて、屈んだ姿勢で地雷を踏んだのだという。

男は損傷した顔を私のほうに向けていた。鼻や唇を失う前は、どんな顔をしていたのだろう。伝えたいこと、訴えたいことはあるのだろうか。想像したが判らなかった。話しを聞くこともできない。彼は下あごを砕かれ、言葉を話すことができなかった。

迫撃砲の音が空に轟きはじめた。私はＡＫ四七を担ぎ、集落を歩いた。降りすさぶ雨が頬を打った。座り込むと立てなくなる気がした。眼に映る光景の、何もかもが悲惨だった。

愛は地球を救う。ふざけた言葉だ。暴行されて埋められた女も、栄養失調で死ぬ赤ん坊も、永久に救いは無い。一つの命を戦場で救うには、我々の武力だけでなく、報道、救援機関の犠牲的な努力が要る。第三国の法的な保護を得るまで、多くの国際法に反し、危険な状況に陥り、しかもその責任を善意の関係者が負わなければならない。だから現実には、たった一つの命さえ戦場から救い出すことができない。

集落から崖を下ると、熾色の煙が空に炸《さ》し昇った。

マナトがM六五五の銃口を上げて前進し、時折、樹影を仰いだ。野火の焼け跡が残った森に、ぶわんぶわんと羽音をたてる大きな蠅が群れ、腐臭が風に匂っていた。湿度が高いと視界は見えづらくなる。私は眼を凝らし、AK四七の銃把を痛いほど握りしめた。この森で、ミャンマー軍と遭遇戦になるのだろうか。

ミャンマー兵に待ち伏せされている気がした。目の前の木立を越えた瞬間、狙撃されるかもしれない。編上靴が小石を踏むたびに地雷を連想し、血の気が引いた。

迫撃砲の砲火に近づいていた。六〇mm砲弾を飛来させる「シューッ」という発射音は、かなり遠くからでも聞こえる。通常、迫撃砲は照準法で弾道を計測しながら撃つものだが、ミャンマー軍は火制を拡散するため無差別に撃つ。

身体が吹きとぶときに、意識は無くなるのだろうか。六〇mm砲弾は炸裂すると、直径十mの弾痕を地面に残す。どこへ逃げまわっても助からないだろうが、内臓を撒《ま》き散らしているのに意識があり、何時間も苦しみ抜くような死にかたはしたくなかった。

轟々と飛瀑を放つ渦が峡谷へ落ちていた。地獄というものを漠然と想像した。私は死後、地獄に墜ちるのだろうか。ミャンマー軍の捕虜になれば収容所へ連行されて処刑される。ミャンマー軍は、捕虜にしたカレン軍の兵士を尋問して殺すとき、熱湯と火串を使う。マナトもリアムも、私も、そういう戦場にいる。

カレン族の、未来。独立。きっと、そんな目に見えない言葉のためには誰も死ねない。目を閉じても見える何かのために、人間は死ぬ。

迫撃砲の着弾が地響きになった。いまはこの目を開けて見えるものが、自分のすべてだった。

兵士たちの前進する姿が、私には輝いて見えた。戦場を前進する一つ一つの若き命が光っていた。

7月25日

ソディの部隊がタングーの戦線へ出撃した日、ミャンマー軍から逃れた農夫の家族が兵営地に辿りついた。

父親と母親に連れられた少女たちが二人、司令部の戸口に座っていた。北部の村にミャンマー軍が接近しており、危険を感じた両親が娘たちを連れ、ジャングルを二晩のあいだ歩きとおして、この兵営地に辿りついた。農夫の家族が向かうのは、タイの国境だという。十二、三歳の少女たちが身に着けている腰巻きは泥まみれだった。

少女たちは怖々とした瞳で、私を窺い見た。カレン軍の兵士たちよりも屈強な体格で、迷彩色の野戦服を着た日本人の私は、凶暴な印象を与えたかもしれない。

少女たちは、この険しい山峡を二晩も歩きとおして逃げてきた。そして彼女たちがタイの国境へ行くには、私が踏破した四三kmのジャングルを同じく進むしかないのだ。私はデジタルカメラで少女たちの写真を撮ろうと考えたが、やめた。少女の一人は、腰巻きが腿のあたりまで破れていた。

私のバンガローと隣接した小屋に、農夫の家族が明後日の朝まで滞在することになった。ボジョーが分隊の兵士たちに、タイの国境まで農夫の家族を護衛するように命じた。それを聞いて私はすこし安心した。

農夫の家族は敬虔なキリスト教徒だった。夜明けに燭台を灯し、父親と母親の祈る声に続き、少女たちの聖句を唱える囁き声が、小屋の窓から聞こえた。カレン族の朝は早いので、歩哨の兵士たちも炉の火をおこしている。

兵舎で朝食を済ませた農夫の家族は、我々のために働きはじめた。父親は薪木を集めに、母親と少女たちは水を汲みに小屋を出ていく。

私は、バンガローの窓から彼らの働く姿を眺めた。父親は手斧を使い、伐採した潅木を細かく砕いていく。薪割りは楽な仕事ではないが、彼は黙々と手斧を振るい、納屋の戸口に木片を積み続けた。

母親と少女たちは竹筒で井戸の水を汲み、炊事場の水瓶に注いでいく。ときどき母娘で風に涼みながら、楽しそうに笑う声が聞こえてくる。苦難を偲ぶ境遇で、何を楽しそうに笑うのだろう。きっと悲しいことばかりだから、幸せのなごりをさがして、笑顔を互いの励みにしているのかもしれない。

夜になると、農夫の家族は小屋で聖書を読んだ。小屋の窓には燭台の火が揺れ、聖書を朗読する彼らの声が聞こえた。罪深い私と違い、彼らには悔い改める理由が何もないように思えた。

私はハンモックに座りながら、子供のころに教会のミサで演じた使徒の役を思い出した。日本にいるときは、そんなことを思い出したりはしない。日本の社会の何を見ても聞いても、自分の過去を省みる心境にならない。

小学生のころ、「尊敬する人」を題材にする作文の授業があった。同級生たちは「野口英世」とか「ヘレン・ケラー」とか書いていた。私は「ダースベイダー」と書いた。当時、一番尊敬していた人物だったからだ。

その放課後、担任の教師は職員室に私を呼びだして「尊敬する人」を書き直せと命じた。なぜ私が「ダースベイダー」を尊敬する人物に選んだのか、教師は聞きもしなかった。

ダースベイダーは黒づくめで、悪の化身みたいだが、物語の最終的な場面で、見えない正義を貫く。悪の力で、悪の根源と刺しちがえる、みたいなことをやる。黒い仮面の下に、巨悪もろとも自ら滅びる決意を隠しており、正義が半端な覚悟では守れないということを少年たちに考えさせるような最期を遂げる。それが最高に格好いいと、私は思っていた。

消しゴムで、「尊敬する人」の名前をノートから消した。人生で最初の敗北だ。教師に叱責されながら書き直した「尊敬する人」の名前が誰だったのか思い出せない。たしかに言えるのは、あのころから、あんまり私は成長していないということだ。

バンガローの木戸が軽く叩かれたので、外に出てみると、マナトが立っていた。

私が「どうした?」と訊くと、マナトは手に持った二つのマグカップを差しだした。マグカップには、コーヒーが入っていた。この数日間、つねに私が想い続けていたもの、それがコーヒーだった。ルカに「いま欲しいものは?」と訊かれ「コーヒーだ」と答えた覚えがある。

私はマグカップのコーヒーを飲んでみた。タイ国境の売店で買える一袋五バーツの粉末コーヒーだが、カレン軍の兵士たちには贅沢な嗜好品だ。私がカレン語で礼を言うと、マナトはマグカップに口をつけて頷いた。

マナトは英語を話せないので、会話はできなかった。彼がベルトに装着した拳銃を見せてもらった。チェコのCZを複製した軍用拳銃だ。九mm口径で、ビルマ語の刻印があった。マナトが、包帯の巻かれた私の足を指さした。私は「問題ない」という顔をした。

マナトは野戦服のポケットからノートを取りだして、地図のような絵を鉛筆で描きはじめた。

「タイ…ミャンマー…」「ラオ…」「カンボディア…」とマナトはインドシナ半島の地図を描いていき、鉛筆を差しだした。「ジャパン?」と、マナトが訊いた。

私は「ジャパン、イズ…」と日本列島の絵を描いた。「ジャパン、イズ…ヒアだ」

日本、台湾、中国と朝鮮半島の絵を描き、東アジアの地勢を示してみせた。日本列島の

マナトは全身に銃弾の傷がある

絵が、ちょっと大きすぎたかもしれない。

マナトはノートを見て「ミャンマー、ジャパン」と言いながら、距離を尋ねるように両手を拡げた。遠いのか、と訊いているのだろう。

私は「ああ。遠い」と答え、ノートに描かれたミャンマーのカレン州が位置する辺りを指さして「ここに、俺たちはいる」と言った。

「ジャパン」とマナトはつぶやき、私を見て微笑んだ。


カレン族に古くから言い伝えられる神話の数々は、どれも彼らの自然信仰に基づいている。気まぐれな創造神、子宝を授ける大樹の森、言葉を話す動物たちが、カレン人に道を与える。

闇から月を助けるために太鼓を打ち、日陰の花を咲かせるために太陽と踊るカレン人は、神話のなかでも貧しいままだ。田畑を捨て、貝貨で儲けろと異族の商人に教えられても、カレン人は富に関心がない。カレン族の神話に賢者や予言者は登場せず、武器を持つ勇者も登場しない。

世界最古の戦場に生きるカレン族のルーツは、神話のなかには見つけることができない。

しかし私が見たカレン軍の兵士の素顔には、どこかそれらの神話と重なる部分がある。

マナトが帰ったバンガローで、私は木の床に寝ころびながらフクロウの鳴く声に聞きいった。隣りの小屋も燭台の火が消えている。農夫の家族も眠りに就いたのだろう。

マナトが笑顔を私に見せたのは初めてだ。二度の作戦行軍でも、彼が私に笑顔を見せたことはない。彼がミャンマーの軍事政権を経済支援する日本に対し敵意を抱き、日本人の私に警戒心を解かなかったのは当然だと思う。もし私がマナトだったら同じように日本人を敵視したはずだ。アウンサンスーチーは懸命に中止を求めていたが、日本政府と企業は軍事政権に加担する経済政策を決して改めようとしなかった。

日本の国会議員たちは、首都ヤンゴンのホテルでミャンマー軍の首脳と歓談し、親書を作成して、ODAを贈呈し、記念写真を撮り、食事会のあとに市街観光するという決まった日程で招かれる。

日本の企業から寄付金を受領する議員には、謝礼も別に用意される。彼らはミャンマー軍が少数民族の村里を襲い、対人地雷を撒き、迫撃砲を撃ちこみ、女や子供たちが殺されているような戦場には近づかない。高級車から降りて革靴を泥で汚すような予定は謝礼に含まれていないし、自分自身に危険が及ぶような行動など論外だからだ。これは、日本の報道やNGOグループにも同じことが言える。

誰もが戦場を見ずに、平和だけを語ろうとする。国連の運営する難民キャンプにバスで訪れ、診療所のテントで予防接種される孤児たちを見物して日本に帰ると、早々に世界の平和を語りはじめる。そのなかには日本の募金で難民キャンプに学校や図書館を建てたり、折り鶴や紙芝居で、世界に反戦を伝えるというＮＰＯチームもある。

冗談じゃない。ミャンマー兵は、八歳の少女をレイプして殺す。そういう連中だ。その連中の始末をつけなければ、ほかの少女がまた連中の餌食になる。

募金も反戦の声も戦場には届かない。ミャンマー兵の残虐な暴力から、カレン族の女や子供を現実に護れるのは、ミャンマー兵と戦えるカレン軍の兵士しかいない。

難民キャンプで、なぜ平和を望めるのか。鳩の餌のように与えられる食べ物、鉄条網で囲われた生活に誇りはない。戦火から逃がれた者を助けるのではなく、立ち向かっていく者を助けなければ、彼らが真の平和を創りだすことはできないと私は思う。

7月29日

早朝、農夫の家族が兵営地を発つことになった。

ルカの分隊に護衛される農夫たち親子を、私はバンガローの窓から見送った。

荷袋を背負う少女の一人と目が合ったので、私は手を振ってみせた。少女は照れたような笑顔で手を振りかえした。

　これから少女たちは数日かけてドーナ山脈を越え、国境まで辿りつかなければならない。私には、彼女たちの無事を祈ることしかできない。

　迫撃砲の空が雨の水沫《みなわ》に赤く染まっていた。私とマナトの分隊は北部の村へパトロールに向かう。マナトが地形図を私に見せた。ミャンマー軍の砲兵陣地を表す記号が地形図の方眼を埋めている。

　調理係の兵長から竹の皮で包んだ糧食をもらって、ベルゲンに詰めこんだ。予備の弾倉が落ちないように腰のガンベルトを確かめ、ＡＫ四七を手に持った。

　出撃前の小隊が山道に待機しており、一人の若い兵士がＶサインを私に送ってみせた。山峡は驟雨だが、遥か群峰に燃えるような虹が射している。

　傭兵の私に、カレン族の戦場で命を賭けるような大義はない。だからもしミャンマー軍と遭遇したときは、あの少女たちが逃げきる時間をかせぐために、ここで俺は戦うのだと自分に言いきかせるしかない。死ぬ瞬間を自分に誇れる最期がいい。

　私は、地獄へ胸を張って墜ちていきたいのだ。

兵士の戦後

靖國神社の遊就館を訪れて、若き日本人の遺影と向きあうとき、自分の五感が断たれ、心臓を白く眩い光りが透過していくような錯覚に陥ることがある。

享年二十二歳…アッツ島…享年二十六歳…ウルシー沖…享年十九歳…レイテ湾…享年二十三歳…硫黄島…

彼らの遺影に挟まれた通路を仰ぎ、わが国を護り戦死した若者たちの双眼を見て、彼らに語りかける言葉を失う。

日本は侵略戦争をして、軍国主義に洗脳された若者たちは無謀な死を強いられたのだ、という「戦後」の主張を聞くたびに思う。

彼らは「洗脳された若者たち」として戦死を遂げたのか。これは洗脳された若者たちの遺影なのか。洗脳というのは、抑圧された思想や、強制された心身の支配を意味する言葉だろうが、これが洗脳された若者たちの遺影なら、この双眼は、なぜ斯《か》くも澄んでいるのか。この微笑みは、なぜ斯くも穏やかなのか。この遺書にある文字は、なぜ斯くも強く、美しく、乱れがないのか。

私は以前、鎌倉市の建長寺にある特攻隊の慰霊碑を訪ねたことがある。

三月二十一日、春の晴れた参道は観光客の集う声に明るいが、山門の竹林に隔てられた寺の墓地へ延びる石畳の小道は人影もない。この墓地に、神風特別攻撃隊の慰霊碑がある。

三月二十一日は、神風特別攻撃隊・神雷部隊の初めて出撃した日で、私が慰霊碑の前に立っていると、特攻隊の生き残りである老人たちと付き添いの家族が献花に訪れた。

ご老人たちは朗らかな笑顔で挨拶をして、淡々と焼香の準備をする。そして彼らは私に一礼すると、慰霊碑の前で読経を始めた。

青空は風の音もなく、暖かな陽が射す慰霊碑を見上げる老人たちの読経はやがて嗚咽になり、「済まない、済まない…」という涙声が、ついには号泣となった。

なぜ、彼らは泣くのだろう。特攻隊の仲間たちは戦死したのに、自分たちは生き残ったから「済まない」と言って泣くのだろうか。それとも、自分たちは生き残り、特攻隊の仲間たちを供養する余生に心苦しい何か別の想いがあるから「済まない」と言って泣くのだろうか。

喪服を着て杖をつく背中が、補聴器をして数珠を握る背中が、震え、泣き叫ぶのを私は見まもった。

この悲痛な焼香が終わり、慰霊碑の前で一人の老人が語った「特攻」について、私の胸中を離れない話がある。それは「特攻」と「窓の夜」の話だ。

人間爆弾と呼ばれた特攻機「桜花」は、日本軍の最重要機密兵器として扱われ、この搭乗を志願する特攻隊員たちにも徹底した情報統制が行われていた。

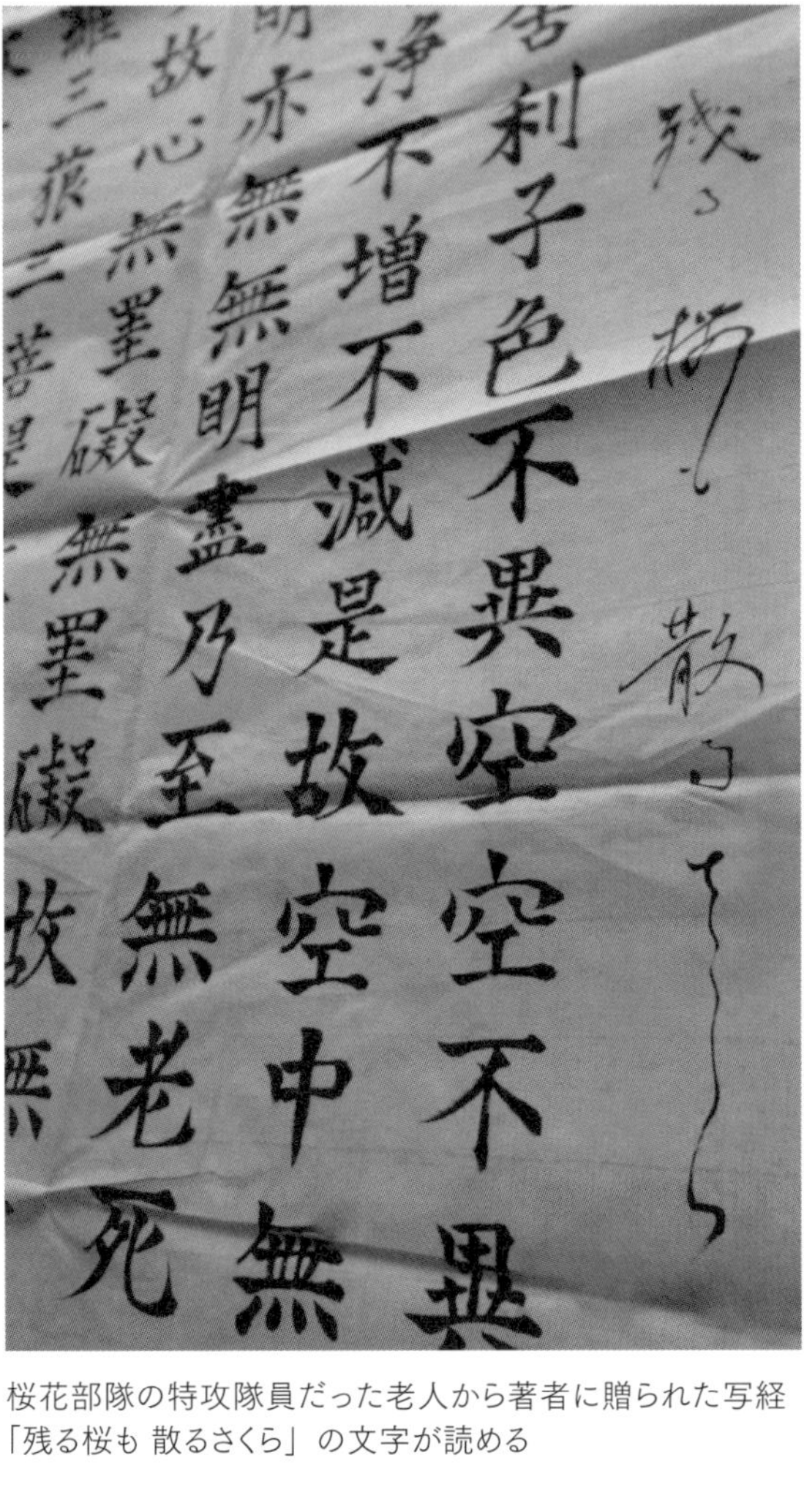

桜花部隊の特攻隊員だった老人から著者に贈られた写経
「残る桜も 散るさくら」の文字が読める

特攻隊員たちには、出撃日も予定航路も、作戦計画も知らされることがない。ただ一つだけ、特攻隊員たちは出撃が必ず、当日早朝の命令で決まることに気づいていた。朝の配給を廊下で待つとき、教練場に整列するとき、一人、二人、と仲間がいなくなっていることに気がつく。兵舎の部屋に戻り、仲間の備品が無いのを見て、出撃したことを知るのだという。もう、出撃した仲間が帰ってくることはない。

だから、特攻隊員たちは消灯後になると、窓の夜を偲《しの》んで泣いたという。窓の夜だけが、彼らの命を繋《つな》ぎとめる唯一の時間を意味したからだ。

明日の朝になれば、自分が出撃の命令を受けるかもしれない。郷里の父母を想い、幼なじみの彼女を想い、枕を涙で濡らし、泣き疲れて短い眠りにつく。そして愕然と目を覚まし、また窓の夜を見つめ、朝になるまで、少しでも生きていられる時間が残されているのを知って安堵する。

そう話す老人は、いまも深夜に目を覚まし、「窓の夜」を見つめることがあると言った。

靖國神社の遊就館を訪れ、若き日本兵の遺影と向きあうとき、彼らの身体が銃弾に撃ち抜かれた痛みを、砲弾の破片に引き裂かれた痛みを、爆炎に焼き尽くされた痛みを、私はせめて想像したいと願う。

洗脳された若者は「窓の夜」を偲んで泣いたりしない。我々、戦後の日本人と何ら違わぬ故郷の記憶があり、家族の絆があり、多感な年齢の想い描いた夢があり、それらを胸に秘め、涙が涸れるまで泣いて、国の礎となる命の覚悟に至ったのではないだろうか。

祖国に殉じた命の最期に遺した声と言葉が平和の礎となった。それが、我々の生きる未来を創ったのだと私は思う。


ところで私の祖父は戦争中、特攻隊の直掩機《ちょくえんき》に乗っていた。直掩機というのは、特攻機を目標地点まで護衛する戦闘機のことだ。

私は子供のころ、祖父と会うのが楽しみだった。東京の学校が夏休みになると、すぐに祖父の田舎へ遊びに行った。そこは山と海があり、毎日が冒険だった。自転車で夏草の畦道を走り、柴犬のチロと一緒に川を泳ぎ、水桶で冷やしたスイカを食べた。

木登り、魚釣り、焚き火や、草笛の作りかた、そういう人生の大事なことは、ぜんぶ祖父に教わった。カブトやクワガタ、ザリガニもカナヘビも、祖父に習った方法で捕まえることができた。でも夕方になると、祖父は私が捕まえてきた獲物たちを、みんな逃がしてしまった。不満そうな私の頭を、祖父は優しく、ぽんと叩いた。

終戦記念日に放映される戦争映画で、祖父は特攻隊の出撃する場面を見るとき、大声で泣いた。

それは、叫ぶというか、吼えるというか、尋常ではない泣きかたで、鎌の刃が手を打ち抜いたときも平気な顔をしていたのに、特攻隊の映像を見て泣きくずれる祖父は、もはや私が知る祖父の顔ではなく、直掩機の操縦席で慟哭する飛行兵の顔になっていた。

戦後、祖父は千葉県の消防団長として多くの被災現場に出動した。他界する四年前に、皇居で勲章を授与された祖父について、年配の消防団員から聞いた話がある。

ある夏の日、町に住む三十代の男性が自宅を出たきり、行方不明になった。数年前から男性は鬱病を患っており、家族へ宛てた遺書が自宅に残されていた。

男性は自殺したと推測され、警察と消防が住居周辺の空き地や線路、海岸の捜索を始めた。消防団長の祖父も捜索隊を率いて出動した。だが連日の捜索でも、男性の遺体は発見されなかった。

男性が行方不明になって一週間以上が過ぎ、警察も消防も捜索を断念しようというとき、町内会のラジオ体操に参加する子供たちの奇妙な噂話が、祖父の耳に入った。

子供たちは峠の山道に「大っきなクラゲが死んでる」「くさいくさい」と話していた。

町内会の大人たちは「山にクラゲがいるもんか」と、子供たちの噂話に取り合わなかったが、クラゲ、悪臭、という子供たちの言葉から、祖父は「そこに男性の遺体がある」と直感した。

子供たちの噂話をもとに、祖父たちの捜索隊が峠の山道を登っていくと、雑木林の下に悪臭を放つ大きな粘液質の塊があった。「クラゲ」のように見えるそれは、縊死《いし》した遺体が排出した体液だと、祖父は確信していた。

首を吊った男性の姿が木陰に浮かんでいた。死後、腐乱して弛緩し、カラスや虫に顔を喰われ、目鼻が白骨化していた。腰を抜かす消防団員たちに、祖父は「担架とハシゴを持ってこい」と怒鳴った。

祖父が遺体の首に巻きついたロープを外すと、死腔から蛆虫が溢れだした。祖父は肩に担いだ遺体を担架に寝かせ、消防団の半纏《はんてん》を掛けた。そして手を合わせると、黙祷した。

当時、その話を聞いた私は、死人を本気で怖がる年頃だった。お化けとか、幽霊になるような存在と関わってはいけないと思っていた。

私は祖父に訊いた。

「じいちゃん、お化けとか怖くないの?」

祖父は笑って、私に訊きかえした。

「おまえは、お化けが怖いのか」

「こわい」

「そうか」祖父は私の頭を撫でた。「お化けが見えたときはな、『あとは任せろ、もう休んでくれ』と言ってやれ。そしたら、お化けはいなくなる」

祖父が私に教えたのは、たぶん、お化けを追いはらう方法とは違ったのだろう。戦死した特攻隊員たちは、祖父のもとへ会いにきていたのかもしれない。私は子供だったから、なぜ祖父が死者を恐れないのか、よく理解できなかった。

残された者も、死ぬまで戦争を背負って生きなければならない。それが兵士の戦後だと、いまは思う。

暗殺の町

二〇〇八年二月十四日夜、タイ国境の町で、カレン民族同盟のマンシャ・ラパン議長が殺害された。

当時、ミャンマー軍はカレン軍に停戦協定を打診する一方、大規模な兵力でカレン州の東部戦線を包囲しており、議長はカレン族の命運を決する立場にいた。

目撃証言によれば、自宅の玄関戸を開けた議長と数人によるカレン語らしき短い言葉の応酬が聞こえたのち、銃声が響きわたったという。

いまも未解決となるこの暗殺事件は、その後のミャンマー武装勢力全体の和平を大きく後退させた。

議長を殺害した犯人は、逮捕はされていない。

1

カレン軍の最高司令官ボウ・ミヤ将軍が死去した日、タイ軍はミャンマーのカレン州に接する国境の陸路を緊急封鎖した。ミャンマー軍の国境侵犯に備えて、タイ軍の偵察機が上空で警戒し、国境沿いの難民キャンプを通る道路には、銃を持つ兵士の立哨する検問所が十六箇所も増設された。

　カレン軍の指揮権を二十四年間統制したボウ・ミヤ将軍の死を契機として、ミャンマー軍からカレン軍の全旅団に停戦協定が打診された。これに反対するカレン軍一〇一大隊の将校が二人、タイとミャンマーの国境水域となるモエイ川付近で、死体になって発見された。その後、カレン民族同盟《KNU》のマンシャ・ラパン議長が自宅で何者かに射殺された。

　私は国境の町にいた。熱帯の太陽が人々を混然と照らす日常の風景に変化はなかった。地元警察が捜査をする気配はなく、現地の新聞にも、国境の殺人事件を報じる記事は載らなかった。しかし、カレン軍と関係する殺しあいが始まったことは町の誰もが知っていた。情報提供者も証人も決して現れない。殺しの目的は、麻薬や金ではなかった。カレン軍の死者が町で話題にされることはない。関わるべきでないからだ。心をゆるす笑顔は人々に無く、目を見ると退くような表情が壁をつくる。そういう町だ。

　カレン軍第5旅団の連絡員と接触する集合地点は町に複数あったが、その日、アロゥの

4WDジープは、郊外の山道を走っていた。彼が普段「安全《セーフ》」という最後の集合地点を過ぎてから一時間が経っている。

やがて、河畔に隠れる納屋のような民家に到着した。錆色の自動車が停まり、連絡員たちが集まっていた。以前、国境の河港まで私を迎えにきた若い連絡員もおり、固い握手を交わした。

連絡員たちはカレン州へ撤収する命令を受けていた。町に留まるのは危険な状況だった。私はチェンマイに在住する連絡員と接触する手順をアロゥから教わった。

カレン民族同盟のマンシャ・ラパン議長が暗殺された。誰が、彼を殺したのか。

アロゥはボジョー直属の諜報員だ。私はアロゥに、「誰が議長を殺《や》った？」と訊いた。

アロゥは「ミャンマー軍だろう」と言った。

ミャンマー軍がラパン議長を殺した。「それは違う」と私は思った。

ラパン議長はカレン民族同盟で信望が厚く、ボウ・ミヤ将軍に最も信頼された側近だった。ボウ・ミヤ将軍は和平の実現を悲願としていた。ラパン議長も強硬な民族主義者ではなく、軍事政権に反撃する情勢を冷静に洞察できる理論派の指導者だった。

もし、ミャンマー軍がカレン民族同盟の議長を殺したとしても、カレン軍がボウ・ミヤ将軍の亡きあと、その指揮権を失うわけではない。もしミャンマー軍がカレン軍の壊滅に

カレン民族同盟のマンシャ・ラパン議長

ラパン議長の排除を必要としたなら、もっと早く殺せたはずだ。ミャンマー軍にとって、ボウ・ミヤ将軍の死が停戦協定を有利にさせる局面で、ラパン議長を殺す意味はない。

不可解なのは、ミャンマー軍の打診する停戦協定を、カレン軍の内部から和平案として推し進める者がいることだった。カレン軍第7旅団長のティマウン将軍だ。

もしミャンマー軍との停戦協定にティマウン将軍の第7旅団が同調すれば、カレン軍のパアン管区には大きな戦力不安が生じてしまう。二人の将校が殺害された一〇一大隊は、そのパアン管区に作戦拠点を持つ特殊大隊だった。

私はアロゥと、チェンマイの連絡員に接触するため国境の町を出た。途中、新緑の香るカレン族の村落で、アロゥの家族と会った。

アロゥの娘たちは大喜びで手作りの菓子を運んできた。村人と子供たちもアロゥの家に集まってきた。

そのなかにダウン症の男の子がいて、私の前でボンジョヴィの歌まねを披露してみせた。ほかの子供たちもドラムやベースギターを演じて踊りだした。村人たちが笑い、アロゥも笑っていた。こんな優しい笑顔になるアロゥを、私は見たことがなかった。

ミャンマーの武装勢力が結集すると、ベトナム軍やカンボジア軍に匹敵する兵力になるという。だがそれは、武装勢力を数字上の兵力に例えたものにすぎない。

ミャンマーの武装勢力は、過酷な地勢と自然の猛威を牙城とする極限のゲリラだ。カレン軍は二〇〇ｋｍのジャングルを戦線とし、アラカン軍は標高三〇〇〇ｍ級の山岳地帯を、ワ州連合軍は一〇〇〇〇ｋ㎡の麻薬産地を支配する。その兵士たちは実戦を生き抜き、報奨なく戦場に挺身し、民族の大地に殉ずる意志を持っている。ミャンマーの武装勢力は、それぞれがベトナム軍やカンボジア軍の兵力など遥かに凌駕する戦闘力を備えているのだ。

対するミャンマー軍は、ビルマ統一国家を防衛する軍隊として存在する。王朝時代、ビルマ族は先住する少数民族の土地を侵略して領有し、それを国史とした民族の起源がある。ビルマ族に相対する「少数民族」という言葉には、政治的に意図された人種差別《カースト》の意味があり、ミャンマー軍の少数民族を狙う残虐行為は、敵対種族を武力で統治してきた王政ビルマの優生思想に根差している。

これがビルマ統一国家は実力支配なく建設されないとする軍政指導原理の枢軸《すうじく》を成しており、武力を異常なほど崇拝するミャンマー軍の実体を創りあげている。そして、ビルマ族の軍隊を超える兵力となる少数民族の武装勢力集結こそ、ミャンマー軍は何よりも恐れているのだ。

歴代ビルマ王の巨像とミャンマー軍

先住民族を征服した王政ビルマの象徴がミャンマー軍の優生思想を顕している

2

私はチェンマイの連絡員に案内され、ラパン議長をよく知るカレン民族同盟の大幹部と会って、事態の経緯を聞いた。ミャンマー軍の打診する停戦協定がカレン軍の内部で合議される前後から、一〇一大隊の主要な作戦拠点が攻撃され、陥落していた。殺害された一〇一大隊の将校らは、その直前にカレン軍の伝令を使わず、何かの目的でタイ国境の町に向かっていた。

連絡員たちは情報収集に徹しており、憶測や推定の話しはしない。しかし、カレン軍の亀裂を予兆させる事態が明らかに起こり始めていた。国境の町に秘匿《ひとく》される連絡員の通信所をタイ警察が摘発し、カレン州へ物資を運搬する行商船が、タイ軍の国境警備隊に拿捕《だほ》されていた。カレン軍の内部でさえ真偽の判然としない情報が錯綜しており、第2旅団と第4旅団の将校たちが和平案を受諾、第5旅団の中隊とボジョーが一〇一大隊の司令部でミャンマー軍に包囲され、交信を断っているとの噂まであった。

そのボジョーから衛星電話で私の携帯電話に着信があり、無事でいることを知らされた。盗聴されている危険があるので居場所は訊かなかったが、衛星回線の着信した時刻を見て、彼が一〇一大隊の司令部でなく第5旅団管区にいるのだとわかった。さすがは猛者ぞろいの第5旅団で、諜報の守りにも隙はなかった。

カレン民族同盟の大幹部トゥ・イェーと著者（左）

私は、一〇一大隊の将校らが死体で発見された場所に疑問を感じていた。二人の死体が発見されたモエイ川の周辺は第7旅団の管区だったはずだ。それからアロゥや連絡員たちがラパン議長の暗殺犯に言及しないことにも疑問を感じていた。アロゥたちはラパン議長の暗殺犯が誰かを知っているのではないか、と私は思った。しかしどうであれ、こういうときは不変の鉄則に従う必要がある。お口を閉じて、喋らずにいることだ。

ミャンマー軍は、武装勢力の内部で不信や対立が起きる兆しを煽り、撹乱する。和平は武装勢力すべての将兵が胸に抱く願いだ。それをミャンマー軍は巧みに操る。早期和平を説き、離反を勧め、免責を与えて、裏切りの虜囚にする。それがいま、戦場の外で起きている。

チェンマイ市街を観光してみたかったが、そんな気分になれなかった。それに金もない。私はターペー門の路地に建つ古いホテルで安い部屋を借り、屋台のシュリンプ・サンドを食べ、ムエタイのジムへ行ってサンドバッグを殴りつけ、一日を過ごした。週末のロイ・クロー通りには、でっぷりと太った白人の旅行者たちが刺激を求めて集まっており、そこで路上芸の業者に連れまわされるパダウン族の首輪を付けた少女が憫笑《びんしょう》の的になっていた。普段は見ないふりをするが、見るたびに気分の悪くなる場面だ。サンドバッグではなく、この白人どもをブン殴ってやりたかった。

数日後、私はカレン軍の連絡員が運転する旧型のクーペに乗り、ラオス国境の町ノーンカイへ行った。

六〇年式クーペは冷房が故障しており、窓を全開にしなくてはならず、速度を上げると何か部品の空回りする異音がボンネットから聞こえた。だがそれよりも、取っ手の壊れた後部トランクに、銃身の短いCAR一五自動小銃を積んでいることが私には大きな問題に思えた。

麦畑の田舎道はスタンド・バイ・ミーのような童心に還る風景だったが、途中の赤信号でタイ警察のパトカーが隣りに並んだ。

クーペの窓ごしに、私と連絡員は引きつった愛想笑いを振りまいた。近接戦闘用のCAR一五は、制音器の付いた特殊な軍用小銃だ。もしこいつを警察に見られたら重犯刑務所で何年も服役するはめになる。だが幸いにもパトカーの保安官は婦警といちゃついており、我々のクーペなど気にも留めていなかった。

カレン軍一〇一大隊のグレイ大佐と、私は一年ぶりにノーンカイの艀《はしけ》で再会した。

グレイは部下二人が殺された怒りを態度に表さず、もうすぐ停戦協議が破棄されることだけを端的に話した。

護衛の兵士は、着古した衣服の下に拳銃を隠し、かたときも艀の周囲から目を離さなかった。こういうとき、射撃場で習えないものを彼らの態度から学ぶ。殺気を放つ、といった小説向けの表現も悪くはないが、そんなものは嘘だ。気配に現れるものは無い。敵の影が近いなら、兵士は怒りを隠し、殺意も消す。

　グレイの助言で、私はノーンカイの町からラオスに入国した。ミャンマーの国境を越える前に、ラオスの大使館で査証を申請するためだ。ミャンマー国内で絶対に査証の申請をしてはいけないと、グレイは私に厳しく言った。

3

　いまもラオスは赤軍旗が国境に舞う社会主義国で、朝のヴィエンチャン市街は官公庁に出勤する制服の人影が増え、凱旋門は児童たちの通学路になる時間だった。

　肩章の付いた制服姿が多すぎて、どれが民間人で、どれが兵士か警官か見わけられなかった。社会に必要な公共設備の大半は外国の援助で維持されており、外国人の旅行者を客層にする物販店や百貨店で売られるものは全部、外国製品だ。市街地のホテルはどこでも、外国から善意で寄贈された自転車を、外国人の旅行者に高値で貸し出している。私が一日五万キープでレンタルしたラオスの自転車は埼玉県の防犯登録ステッカーが貼られて

いまも赤軍旗を掲げるラオスのヴィエンチャン市街

いた。そんなラオスだが、反米国だからアメリカ人は歓迎されない。それが一番ラオスの良いところだろう。

大使館で査証が発給される朝、私は町角の路地を歩いた。こんがり焼けたパンの美味しそうな匂いがする。

朝市の屋台にフランスパンが山積みで売られていた。領主国フランスに統治された生活文化がラオスには残されており、朝食のバゲットもその一つらしい。

私はパン市場をひとまわりし、貫禄のある女がバゲットを売る屋台の前に立った。

「よう、バゲットをくれ」

「おかずを選びな。うちのは最高だよ」

なるほど、『サブウェイ』みたいに注文するようだ。女は煮魚や酢漬けの野菜など食材が載る大皿を指さした。どろどろした臓物を入れた皿があるので、私は女に質問した。

「何だこれは」

「豚のレバーだよ」

「勘弁しろよ。フランスパンだけ買えないのか？」

「それじゃラオス・サンドにならないね。この蒸し鶏はどうだい？食べてごらんよ」

フランスパンに蒸し鶏、中華春雨、干し鱈、胡椒の実をまぶした強烈なバゲットができあがり、それを食べながら私は凱旋門まで歩いた。グレイたちとメコン河で合流するのは夕方になる。陸路を移動するのは日が暮れてからになるだろう。

国境行きのバスが交差点を通過するとき、領事部で立ち話をしたデンマーク人が座席の窓から私を見て、「乗れよ！」と手まねきした。

私は嫌な予感がして大使館へ戻り、職員に尋ねた。

「あのー、国境行きのバスは何時に来ますか」

「もう今日は来ないよ。いま最終便が出たところだ」

へまをやらかした。バイクタクシーに乗るか？　いや、多めにチップを払ったとしても運転手は国境まで行かないだろう。

「市街から国境の近くまで行くバスは？」と私は職員に尋ねた。職員は欠伸をして答えた。

「無いよ。次にバスが走るのは三日後だ」

「三日後。何で？」

「メーデーさ」

これだ。メーデーメーデーって、だから遭難時に言うわけだ。凱旋門の上にでも登ってワルシャワ行進曲を歌ってやろうか。

私がバッグを背負って、編上靴の紐を締めなおすと、職員が眉を寄せた。

「あんた、どこへ？」

「国境まで歩くよ」

はっはっと職員は笑って首を振った。

「ハイウェイだぞ。歩ける距離だと思うか？」

私は腕時計を見て尋ねた。

「国境はどっちだ？」

職員は笑うのをやめて、ドアを指さし、哀れむように言った。

「あっちだ」

大使館の門を出てすぐ、衛星電話が鳴りはじめた。グレイからの着信だった。

「オキモト。ノーンカイで待機してる。ラオスを出られるか？」とグレイが訊いた。

私は赤軍旗の町を見まわして答えた。

「問題ない。たぶんな」

ラオス国境まで市外のハイウェイから二、三〇ｋｍの距離だろう。問題は距離でなく、方角だ。ジャングルの作戦行軍に比べればハイキングのようなものだが、地図もＧＰＳも無い。道路標識はラオス語で、何を目印にするべきなのか見当もつかない。分岐路で方角を間違えたらベトナムへ向かうことになる。

ヴィエンチャン市街を離れた道路から広い乾草地を越えると、夕陽の射すハイウェイがあった。

私はマグライトを片手に持って走りはじめた。四、五本、瓶詰めの水を町で買っておくべきだった。この暑気のなかでは、水を飲めなければすぐに走れなくなる。

砂ぼこりを上げて私を追い抜いていくコンボイの車輛ナンバーが、唯一の目印だった。タイ語の車輛ナンバーはノーンカイの町へ向かっているはずだ。

落日が地平線の果てに揺らいでいた。空は黒く、大地は赤い。日本では見られない景色だった。焦熱の大地が流血しているようだ。迫撃砲の轟音、焼け崩れた村落、火脹《ひぶく》れした肉塊となる屍体が、脳裏に映った。

カレン族を匿《かくま》う僧侶の寺に滞在したとき、仏塔に祭られる神々の像を見た。その神々は、獰猛な牙を剥き、鋭い爪で人間を引き裂いて喰らう魔神の姿をしていた。

どんなに不信心な兵士でも、戦場に行けば一度は神の存在と向き合おうとする。神の愛を信じるとすれば、説明のつかなくなる光景が戦場には山ほどある。だが神は魔物の姿で、もともと人間を喰らう存在なのだと思えば、信仰心など無くても戦場のすべてに納得することができる。

あの神々の像は、不信心な私に教えてくれていたのかもしれない。いずれおまえを、骨まで喰らってやると。

　ラオスの国境に到着したのは四時間後だった。二時間ぐらいは走ったが、へばって途中から歩いた。ラオス軍の警備兵が国境の通用門で驚いた声をあげた。

「待て、止まれ。どこから来たんだ？」

「タイ大使館だ」私は喉が渇いて声も涸れ、どこもかしこも西部劇のサボテンのように砂まみれだった。

「タイ大使館？　それで、どこに車を停めたんだ？」

「歩いてきたよ」

「歩いてきた？　ハイウェイを？」

「バスに乗りそこねたんだ。ここから出国できるか？」

　ラオス軍の警備兵は呆れ顔になり、鍵の束を取り出すと、通用門を開けてくれた。

「ほんとは違反なんだぞ。この通路から早く出国ゲートに行け」

　ノーンカイの陸橋で私は携帯電話を使い、グレイたちに来てもらった。

「遅かったな」とグレイが文句を言った。

「ラオスのバスは遅いんだよ」と私は応えた。

グレイが『バンコクポスト』を私に見せた。紙面に「カレン民族同盟の分裂《Rifts in KNU》」という記事があった。

「ミャンマー軍事政権と和平交渉」と続く記事は、「ミャンマー軍の情報参謀とカレン軍第7旅団のティマウン将軍が極秘裡に会談し、停戦合意の和平案を協議した。カレン軍の右派を除く多数の将校が、この決断を支持している」と書いていた。

いったい、この記事は誰がリークしたのか。これはカレン民族同盟が声明するはずもない記事だった。

ミャンマー軍の停戦協定は謀略だ。カレン軍の分裂工作を謀り、これを内部で手引きした者がいる。私の疑問が次第に解けはじめた。

ミャンマー軍との停戦協定に反対したカレン軍一〇一大隊の将校二人は第7旅団の管区で殺害された。モエイ川付近で発見されたのは将校二人の遺体だけだった。どのようにして敵は特殊大隊の将校二人を抵抗されない状態で殺すことができたのか。なぜ二人はタイ国境の町に向かったのか。二人はカレン軍の内部を通さず、何かの決定的な情報を直接ラパン議長に伝えようとしたのではないか。この停戦協定を、カレン軍の内部で手引きしていた者は?

ラパン議長暗殺の黒幕が、これで判った。

我々が国境の町に再び戻ったとき、ミャンマー軍の投降勧告でカレン軍第7旅団は武装解除し、その将兵たちはカレン人の避難民に紛れてタイ国境へ逃げ込んでいた。ティマウン将軍は単独降伏を声明したのち、タイ軍に身柄を保護されていた。カレン軍最高司令官ボウ・ミヤ将軍の死去から、二年後の謀反だった。

4

早朝、ホテルの窓を開けると、雨に濡れたムクドリが鳴いていた。私はベルゲンを担ぎ、部屋を出た。国境の町は静まり、暁鐘の音が薄闇のなかに聞こえた。

カレン軍の輸送挺を待つサルヴィン川の河畔に、水草が花を咲かせていた。

アロッが「気をつけろよ。無事に戻ってこい」とカオ・パットの弁当を持たせてくれた。

私は小石を拾って川に投げてみた。小石は二つ、三つ、川の上を跳ねて沈んだ。もっと昔は遠くまで飛ばせた。子供のころにできたことが、大人になるとできなくなる。

去年のクリスマスに、ラパン議長の家で小さい娘の写真を見た。もう娘は、父親と会うことができない。

一人の将軍の裏切りが、大勢を死に追いこんだ。その裏切りに、死者は報復することもできない。

朝もやの煙る河畔に、輸送挺のエンジン音が近づいてくる。アロゥが思い出したように、数日前、町の郊外で自動車事故があったと言った。

ミャンマーの国境から東に六kmの地点を走行していた自動車は突然爆発し、炎上した。乗車していたのはティマウン将軍の家族だった、と。

内戦国に戦場の外は無い。神々は、その爪に触れた人間を喰う。

私はアロゥに「誰がティマウンの家族を殺《や》った？」と訊いた。

アロゥは「ミャンマー軍だろう」と応え、冷たく笑った。あのダウン症の子供に向けた優しい笑顔は、かけらもそこには無かった。

義足

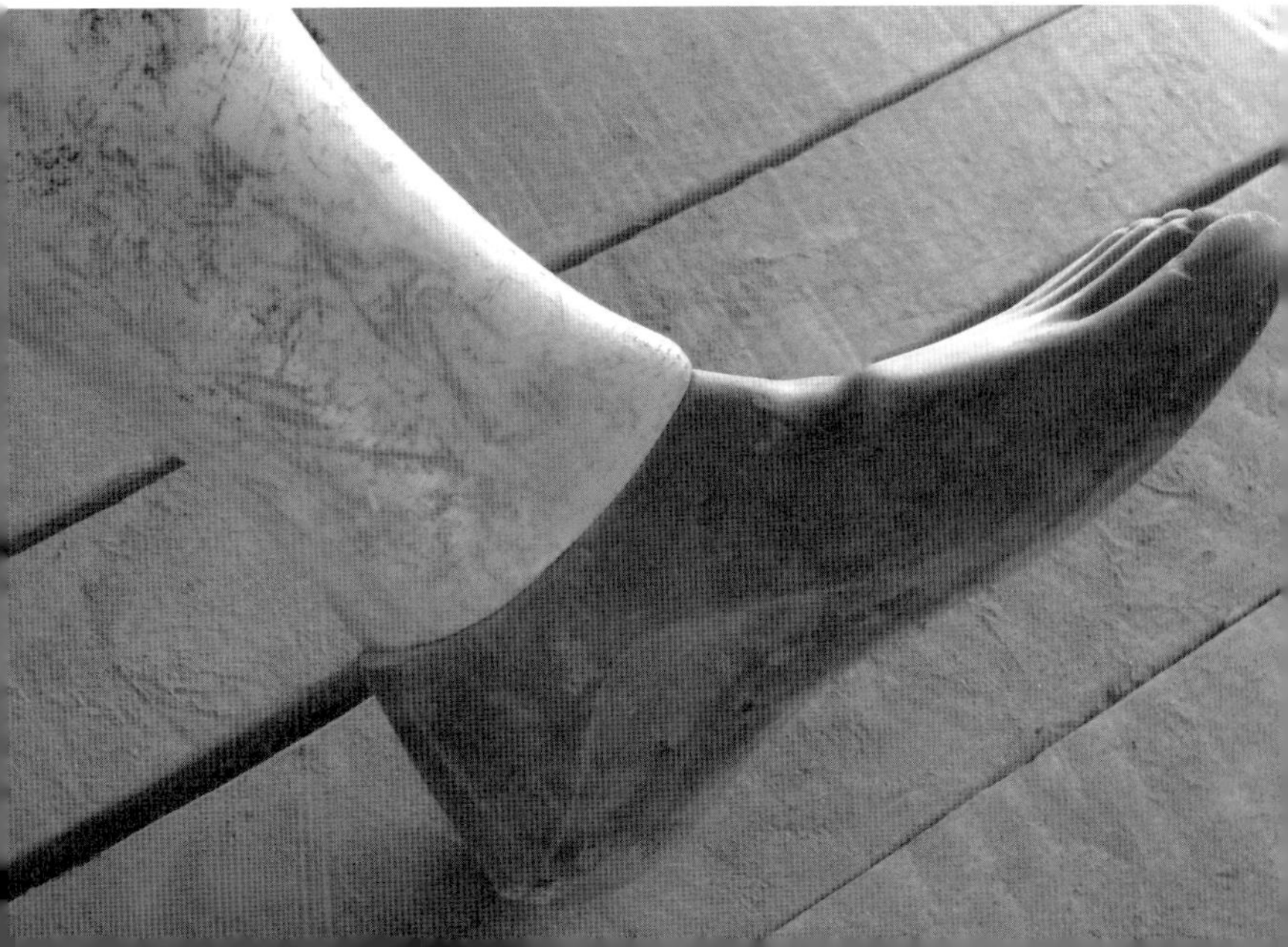

1

カレン軍にプラゥックという名の若い兵士がいる。六月、彼がタングーの戦線で対人地雷を踏み、片足を失ったと聞いた。

アフガニスタンに次いでミャンマーは、世界で最も地雷が多い内戦国だ。そしてミャンマー全土でも、カレン州タングーの戦線は対人地雷の被害が絶えない。

私がプラゥックと初めて出会ったのは、カレン軍第5旅団の補給路となる村里で、当時、彼はラムジーの学校に通う十八歳の少年だった。

私は山岳行軍で足を傷め、ハンモックから起き上がるのにも苦労していた。プラゥックは、泥だらけになった私の野戦服や編上靴を川で洗い、魚を捕り、食事の世話をして、陽気に笑った。たぶん私を励まそうとしていたのだろう。いつも私とプラゥックの周りにはカレン族の学生たちが集まり、他愛のない話題で賑わっていた。

もう、あれから八年が経っている。プラゥックがカレン軍の兵士になったのは知っていたが、彼と再会することはなかった。

日本からタイのカレン民族同盟《KNU》に、プラゥックの状態を知らせろと伝えたところ、すぐに返事があった。プラゥックは左足を失い、いまもカレン軍の部隊にいる。

私は「下腿だけ失ったのか」「膝は残っているのか」とＫＮＵに尋ねたが、それは不明だった。

私はプラゥクと会うため、ミャンマーへ戻ろうと決めた。

ミャンマーの国境から、カレン州の北東へ七時間の距離を縦走すると、第5旅団管区の無線中継地点になる丘陵の通信所がある。

薪を燃やす煙りが目に滲みた。通信所の木戸から、義足を付けた兵士が私を見上げた。満月のような丸い笑顔で、義足の脚を引きずりながら歩いてくる。プラゥクだ。

八年ぶりに再会したプラゥクは義足の脚に私の眼が向けられているのを見て、弱々しく笑った。

カレン軍の兵士たちは触雷して足を失うと、多くは除隊してタイ国境の難民キャンプに入る。ミャンマー軍政は、国連の医師団や赤十字に対してもカレン州への入境を認めていないため、触雷した負傷兵はタイ国境の難民キャンプまで行かなければ医療支援を受けることができない。

だから兵士たちは触雷で足を失うと、ほとんどは除隊となり、二度と戦線へ戻ることはないのだが、一方でプラゥクのように義足を履いてまで部隊に留まろうとする者もいる。

プラゥクは左膝から下を失っていた。粗末な義足を装着しているため、断端部に褥瘡《じょくそう》が

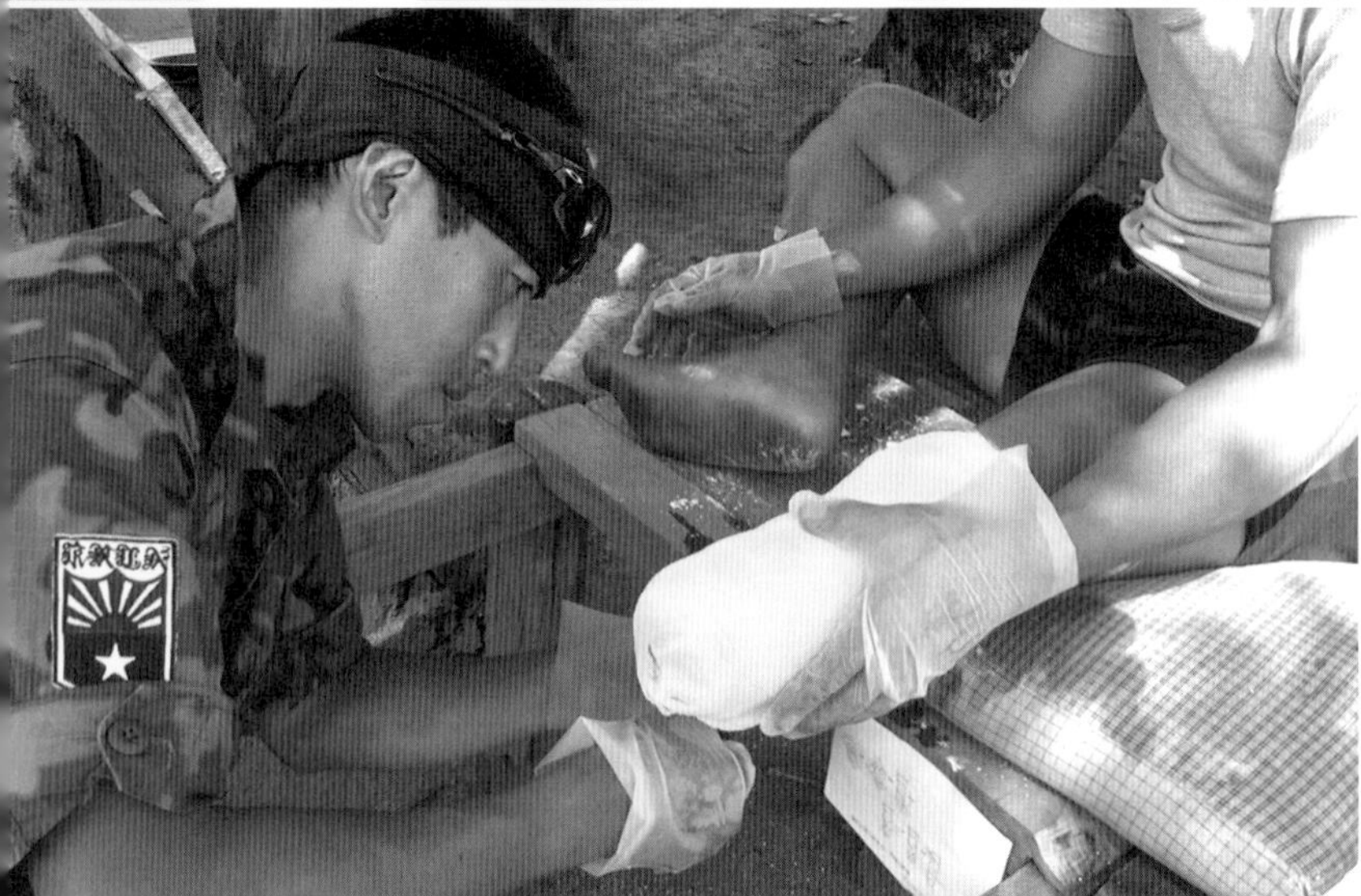

上：対人地雷で左足を失ったプラゥク

下：粗末な義足のせいで脚の断端部は傷だらけだった

あった。縫合痕は炎症で化膿している箇所もある。ゴムバンドで縛りつけた義足が下腿を不安定に離れるため、褥瘡は慢性化し、歩行障害も顕れている。

難民キャンプではNGOのスタッフが配るキャラメルのせいで虫歯になったカレン人の避難民を、ボランティアの医師たちが手厚く看護している。だが、ミャンマー軍の侵攻に曝されるカレン州で戦い、足を失った兵士は治療もろくに受けられず、後遺症に苦しんでいる。

こういう現実を見ると怒りが込みあげてくる。私は、日本から持ってきた石膏と整形材を使って、プラックの切断された左足の断端部を採型した。断端部には地雷の破片による無数の裂傷があった。私と目が合うたびに、プラックは弱々しい笑顔をみせた。

2

私は日本に帰国し、東京、千葉、神奈川の義肢装具メーカーなどを訪ねた。

自己負担のために予算が限られていること、但し請求には全額、前払いで応じることを伝えたうえで、プラックの下腿断端部の写真と採型をもとに、義足の製作を相談したのだが、どこの義肢製作所も電話で問い合わせた時点から、「五十万円」「六十万円」という高額の見積りを提示してくる。

私は市役所の障害福祉課へ行き、ミャンマーの戦災地で足を失った友人が義足を必要としているのだと伝え、自己負担の予算で義足部品だけでも安く購入できる方法はないかと尋ねたが、金魚のような顔の職員に「そのミャンマーの人は、日本の障害者手帳をお持ちでしょうか」などと訊かれた。

この職員が、数社の義肢装具、医療機器の販売所に問い合わせてくれたが、どこも下腿ソケットの製作費だけで「安くて二十五万円から」という回答だった。

市役所の障害福祉課は役に立たず、ほかにも「アジアやアフリカの恵まれない人たちを支援しています」という募金広告で有名なNGOグループへ、低額の予算で義足を製作してくれる装具技師を紹介して頂けないか、と陳情の手紙を書いたが、「詳しい者がいない」「わからない」という返事だった。

帰国して一ヵ月ぐらいは、市役所、義肢製作所、NGOグループなどに電話をしたり、手紙を書いたり、相談に訪れては、時間を無駄にした。これっぽっちも安くならない金額を聞きとり、メモ用紙に書きこんでは破り捨てた。近所のホームセンターで自作できそうなソケットの台座が十万円もする。

ある義肢製作所で価格表を提示する担当者に私は尋ねた。

「ご相談したいんですが。この台座の部品を含めずに、ソケットのみ製作して頂くことはできませんか？」

「それだと値段が変わりますね」

担当者が電卓で早算した。どういうわけか、ソケットの製作費が一・五倍に跳ね上がった。

「どうして逆に高くなるんです？」

「それが決まりなんですよ。一本セットの価格で計算してますから」

「知らなかった。考え直します」

私は笑顔で、びりびりと丁寧に価格表を破り捨てた。しかしこういう社会福祉や募金事業に関わる人種というのは、利益のない相談に知恵も力も貸さない、という連中ばかりで甚《はなは》だ感銘を受けた。とにかく金だ。こうなったら「ミャンマー武装勢力基金運動」の募金箱でも作り、黒い目出し帽をかぶって駅前に立ってみるか。

短気な考えに陥り始めたとき、茨城県つくば市の義肢製作所から連絡があり、「可能な範囲で対応しますので、一度お話しに来てもらえますか」との返事をもらうことができた。

初夏の晴れた日に、茨城県つくば市の義肢製作所を訪ねた。副社長と装具技師が応対に現れて、私の話しを聞いてくれた。

彼らも触雷患者の義足を製作した経験はなく、プラックの切断された足の写真と石膏の採型を見ながら、「すごいなあ」と感心していた。装具技師は写真にある縫合痕の褥瘡を指さし、「これはとても痛むのを我慢しているはずです」と私に言った。

装具の検査室はリハビリ用の運動室に隣接しており、そこで車イスに乗る二十歳前後の若者が、付き添いのスタッフと歩行訓練を始めようとしていた。副社長が数種類の義足を見せて、最新の運動性能を造りだす工学技術について説明してくれた。

「私たちにとって悔しいのは、不完全な義足を作ってしまうことです」と装具技師の男性が言った。「着用する本人が不在の状況で製作するため、完全な義足を作るのは難しい。それでも、完全に近い義足を作れるように努力する、ということで了承して頂けますか」

「お願いします」と私は答えた。装具技師の男性は、通常の義足製作に必要となる検査費、調整費、採型代、部品代を削除して、およそ実費だけの請求書を出してくれた。

プラックに義足を届けることができる。今年こそクロノグラフの腕時計を買いたかったが、また次の機会だ。

3

雨季のカレン州で山岳行軍のルートを登るのは数年ぶりになる。ベルゲンと野戦装備、それにプラックの義足を担いで、猛雨の稜線を耐久縦走だ。螺旋状の樹層から水煙が立ち昇り、激しい雨が爆ぜるジャングルの群峰を眼下に見おろした。

丘陵の坂道を下りながら私が口笛を吹くと、坊主頭のプラックが通信所の木戸を開けて出てきた。その高校球児のような坊主頭にペンで落書きしようと私はプラックを追いかけ、勢いよく坂道で滑ってころんで、痛い思いをした。

日本製の義足をプラックに装着させると「軽い！」「これなら走れるよ！」と喜んでいた。

モジュラーパイプを一センチほどスチールソーで削り、尺度を調整したほかは懸念したような不具合もない。採型から製作した下腿ソケットは断端部を包み、膝と義足の自然な連動を安定させている。いずれ断端部の褥瘡も治癒するだろう。

NGOグループの講演会などで公開されている戦場の地雷に関する知識は、誤りが多い。地雷を実際に見た経験すらないのに、なぜ確証もない統計を公表したがるのだろうか。

女性議員が国連の地雷撤廃支援プログラムによる成果を語り、「地雷ではなく、花をください」のような心安らぐ言葉を使うと、会場は盛大な拍手に包まれる。だが現在も世界

上：採型から製作した義足のソケット

下：ミャンマー軍が使用するM14型対人地雷

の兵器産業は地雷を変造して増産し、内戦国に拡散させている。ロシアも中国も、地雷禁止条約の未加盟国に兵器工場を移設し、中東やアフリカの武器商人たちに仲介させて、内戦国に地雷を売りつけている。日本政府の飽くなき経済支援によって、ミャンマー軍は対人地雷を大量に製造し、それはいまも「花」ではなく、義足を産む悪魔の種子としてカレン族の大地に埋められている。

対人地雷を踏むと、その足は爆発の衝撃でペットボトルのように破裂する。負傷状態によっては、足の指も欠損せず、外皮の出血さえ少ない場合がある。しかしその足の内部は、骨も肉も粉々に壊死している。

後方搬送のできない戦場では、壊疽が発症する前に処置をしなければならない。ほとんど麻酔は効かない。野戦服で即製の担架を作り、きつく止血帯で脚を締めあげ、鋸の刃で切断する。

兵士は足を切断されるとき、この世のものとは思えない悲鳴をあげる。困難なのは骨の処置で、切除した断面が整復できないと術後に炎症が始まり、縫合痕の上から再び切開しなければならなくなる。戦場の地雷に関する知識を持ちたいのであれば、見ておくべきだ。兵士は地雷を踏むと、そうやって足を失う。

プラックは足を失ったあと、酒に溺れ、婚約していた村の娘と別れている。

地雷で足を失うと、激痛のせいで眠れなくなる。酒を浴びるほど飲み続けなければ眠ることができなくなる。たとえ足の断面が治癒したとしても、その傷口は心を長く侵そうとする。自分の強さを信じていた兵士には、なおさら立ち直るまでの長い時間が必要になる。

自暴自棄になったプラックが戦闘小隊から離脱した経緯を、私は兵士たちから聞いた。

「プラックは闘志を失った」と第5旅団の小隊長に昇任したばかりのマナサが私に言った。

「プラックの心配はいらねえよ」と私はマナサに言いかえした。「プラックの左足を見るときは敬意をはらえ。誇りがあれば、闘志は甦るんだ」


カレン族の青い刺繍服を着る少年は、学校の授業が終わると教会で礼拝し、ろうそくの余りを集め、川で魚を捕り、野道を声たかく歌いながら帰ってきた。ろうそくは私が夜を明るく過ごすために集め、魚は捕れたもので必ず大きいほうを私の皿に盛りつけていた。友人たちを率い、誰より速く走り、誰より強く空へボールを蹴った。陽気に笑う少年は兵士になり、地雷で足を失った。

それは戦場の、どこにでもある話だ。久しぶりに雨季の山岳行軍をした私は疲れはて、通信所のベンチに座って熱い紅茶を飲んだ。

降りしきる雨のなかを、プラックは息を弾ませながら新しい義足で駆けまわっていた。

麻薬王の軍隊

1

ＡＳＥＡＮの議長国に就任するミャンマーと、カレン民族同盟の停戦協定を実現させた二〇一二年は記念するべき年だが、そのたった三十七日後にはミャンマー軍が停戦協定を破ってバゴー管区からカレン州に進攻を開始し、州境は再び内戦状態になった。

私は日本からタイに入国し、ミャンマーの武装勢力が名を連ねる民族民主戦線《NDF》の紹介を経て、シャン州に行く準備をしていた。

ミャンマーの軍事政権が連邦議会に改編された当時、アウンサンスーチーの解放に続き、収監された民主活動家の釈放が決まり、「国民的和解」という新政府の劇的な提言が報じられる一方、ミャンマー軍は大隊兵力でカレン州、シャン州の州境を包囲し、カチン州を連日空爆していた。

私がチェンマイ市街にいるとき、シャン州南部の州境を侵犯したミャンマー軍の将兵らが死体で発見された。シャン軍《SSA》が殺したのだ。

シャン軍はミャンマーの反政府ゲリラでも極めて戦闘的な武装勢力として知られている。先鋭化した民族主義で統制される軍事組織は常時一万人を超える兵力があり、東南アジア最大の麻薬カルテルに君臨したクンサー将軍が率いる武装勢力であったことから、いまもシャン軍は「麻薬王の軍隊」と呼ばれ恐れられている。

シャン州軍（Photo by SSA）

カレン軍を含む主要な武装勢力が、全土停戦協定（※Nationwide Ceasefire Agreement）の成立を信じかけていた時期に、シャン軍はミャンマー軍の将校らを躊躇せずに殺した。カレン軍の戦場だけではミャンマーの戦争を見定められない局面でもあった。

私はシャン軍の保安部から接触地点に指定されたボリブーン市場へバイクを走らせていた。バンコクに比べるとチェンマイは夜の訪れが早い街だ。ボリブーン市場の付近は道路が渋滞し、雑多な屋台の電灯が射し並び、夕食の買物をする客たちと店番の声で活気があった。

チェンマイの市街は、私の知るだけでも六組織の武装勢力が連絡員の接触地点を持っている。

このボリブーン市場はシャン族の移民地区に接しており、私はバイクを路上に停めて、混雑する市場を眺めた。フライドチキンを揚げる屋台があり、海賊版のDVDを叩き売る露天商がいて、シンハー・ビールの看板を掲げる酒場で酔った客たちが喚きあっている。こんな待ち合わせしにくい場所を指定してくるのは、相手に対し警戒配置を取るためだ。うろうろと歩きまわる必要はない。彼らは麻薬王の軍隊だ。私がバイクを停めたことに、もう彼らは気づいている。

五分ほどして携帯電話の着信音が鳴った。私が携帯電話をポケットから取り出す前に、市場から短髪の男が近づいてきた。シャン軍保安部のセノンという男だ。人混みのなかをゆっくり歩いてくる。一人で歩いているが、たぶん五、六人に周囲をカバーさせている。

セノンと私は握手をして、路地の珈琲店に入った。彼は目立つ印象が無く、三十代だがタイの大学生のように見えた。

焙煎器が香る店内で、私たちは二十五バーツのベトナム式コーヒーを飲んだ。とびきり上等の味だった。しかも店の女は深田恭子に似ていた。毎日、白人の観光客で満席になるスタバに行き、二〇〇バーツもするコーヒーを飲んでいた自分の愚かしさに気分が沈んだ。

セノンはカレン軍の戦況や、停戦協定についての見解などを私に尋ね、興味のある答えを手帳に書き取っていた。シャン軍保安部はすでに、日本人の私がカレン軍と長く関係していることを知っており、その点で答えに迷う質疑はなかった。私の注意を惹いたのは、セノンが私にミャンマー軍の軍事管区を渡航した経験はあるかと、何度も尋ねたことだ。つまりシャン軍保安部は、ミャンマー軍の本拠地であるヤンゴン管区やマンダレー管区を渡航した経験があるかと尋ねたのだ。これは意図を別に隠した質疑だと私は気づいた。

私はパスポートを取り出し、二〇〇六年から査証に記録される出入国の押印を一つ一つ見せて答えた。

「セノン。俺は、ミャンマー軍に尻《ケツ》を触らせたことは一度もないんだ」

「気を悪くしないでくれ」とセノンは言った。「これは我々の安全に関わる質問なんだ」

シャン軍の拠点へ行くには、ゴールデン・トライアングルからミャンマーの国境を越えなければならない。武装勢力の潜行経路は、彼らの生命線でもある。

じつは知られてないが、ミャンマー軍と一度でも接触している者は、どの武装勢力にも信用されることはない。当然だ。野球の観戦ではない。安全だった潜行経路を軍警に摘発されるのは大抵、外国人のジャーナリストを出入りさせたことに原因がある。承認欲求の旺盛な外国人の記者がツイッターやブログで喋りちらしたことにより、軍警が武装勢力の潜行経路を特定し、連絡員たちを一網打尽に逮捕する。実際、過去にシャン軍でも起きた事態だ。武装勢力が初対面の外国人を信じるには、そのリスクを負うだけの理由が要る。

シャン軍保安部はタイの国境からミャンマーのシャン州に通じる要所へ配備されており、高度な防諜能力を担っている。私は彼らとタイの国境メーサイかチェンセンに移動して、ミャンマーの国境を越えるのだろうと思っていたが、セノンの説明を聞いてゴールデン・トライアングルの潜行経路は別にあることを知った。

2

夜霧の林道を、4WDジープは車輪を軋ませながら加速していく。

タイ軍の国境警備隊が駐留する検問所を三箇所も通過し、林道の途中で二度、車を乗り換えた。無辺の森に遮られた車の窓が時折、峻岳の月を映す。気圧の変化のせいで鼓膜が膨らむため、鼻をつまみ、耳鳴りを治した。相当な標高差の山頂へ進路を取っているのが判った。

セノンが後続の4WDジープに乗り込み、気さくなシャン人の若い男が運転を代わった。若い男は英語を話せないか、話せないふりをしている。無線機で定点交信し、現在地点を伝えながら、視界の効かない悪路を走破していく。若いが有能な連絡員なのだろう。

夜霧の濃い山頂に4WDジープが到着すると突如、前方からサーチライトが照射された。剣と銃を交差させる赤い軍旗が立ち、対空銃座を設置した営門がある。シャン軍だ。

野戦服の兵士たちが営門の遮断機を操作して、車の進入を誘導した。私は車の窓から、交差するサーチライトやら、M六三の対空銃座やらを見て、ものすごく欲しいと思った。我がカレン軍にも、こんな格式高い営門が必要だ。

シャン軍の兵営地で私は車を降り、山霧の巓を見おろした。凜冽な冷気を感じた。黒い山峰に送電塔が架設され、その尾根は人里の光明に溢れていた。

私はセノンに呼ばれ、シャン軍保安部の管区長を務めるローガン少佐に会った。四十代で、寛厳《かんげん》を併せ持つ印象の男だった。

「ミスター・オキモト、よく来てくれたね」

「お会いできて光栄です、ローガン少佐」

最初の挨拶は上出来だったが、ローガンは洗練されたネイティブ英語を使うので言葉の半分も理解できなかった。二人の会話が危なっかしいときは、セノンが双方の通訳をしてくれた。

ローガンは将校用の居住区に案内してくれたが、それを私は辞退し、兵舎で寝起きできるように頼んだ。特別な待遇は一切不要だと念を押した。

「了解した。何か我々にできることは？」とローガンが訊いた。

「何も要望はないです。もし、管内に立ち入り禁止区域があれば教えてください」と私は答えた。

「きみを歓迎する。どこでも自由に行動してくれ」

ローガンは、にこりと笑って言った。

3

未明に歩哨の兵士が山道を下る靴音で、目を覚ました。シャン州の暁光が、雲を冠する山麓に蒼白く到来していた。

私はカレン軍の野戦服に着替えて、兵舎の外へ出た。毛皮を着たくなるほどの寒さだ。早くも炊事場では調理係の兵士たちが仕事をしており、私は納屋から斧を持ち出すと、薪割りを始めた。

第一印象を良くしようと、スパルタ軍の闘士みたいに私は斧を振るった。迷惑なぐらい薪木の山ができると、少年兵が私を呼びに来た。作りたての厚焼き玉子とカレーライスの朝食が兵舎の食卓に用意されていた。

私は食事をしながら、一人の兵士に関心をもった。老兵だ。年は六十歳を過ぎてるだろう。

調理係の兵士というものは、夜明け前には起床し、水を汲み、湯を沸かし、飯盒を炊き、朝の仕事をするのだが、そこに彼の姿があった。若い新兵たちと一緒に働く彼の姿はその年齢に不相応だと私は思った。

全隊の朝食時に、老兵は食卓にいなかった。彼は炉端の木台でＡＫＭ突撃銃の手入れをしていた。兵士の心得として身に付いた習慣だ。彼は士官たちとも言葉を交わさず、遅い朝食を少年兵と一緒にとった。左腕に古い刀傷があるので話しをしてみたかったが英語は通じそうにない。私は調理係の兵長に尋ねた。

「いつから彼は部隊にいるんだ？」

「わかりません」と兵長は答えた。「しかし、彼はシャン軍で最も長く戦ってきた兵士だと聞いています」

　少年兵がＭ一六小銃を床に置いて食卓から離れようとすると、老兵が「銃を置いて行くな」と諭した。その眼には、衰えぬ兵士の威光があった。

4

　私の外出には番兵が付くはずだが、午前九時を過ぎてもセノンが現れないので、立哨の兵士に声をかけてみた。

「外を見に行きたいんだが。セノンは？」

「サー、保安部は会議中です」と兵士が言った。

「俺の番兵は？　無線で聞いてくれ」

　兵士が無線機で保安部に確認を取ってくれた。

「サー、自由に行動してください、とのことです」

意外だったが、私は一人で兵営地を出て歩きはじめた。

標高二〇〇〇mの山峰に竣工される送電塔を見上げると、昨夜よりも圧巻な眺めだった。ミャンマーでは設備も技師も決して確保することができないはずだ。どうやって、これを国境の潜行経路から輸送し、建機も無い環境で架設したのだろう。

尾根の山道は随所に歩哨の兵士がいた。すでに私の来訪は伝達されているようで、通行を不審視する兵士はいなかった。どの兵士も小銃を肩掛けにしてない。命令が徹底されてなければ、この態勢にはならない。シャン軍はミャンマー軍と停戦協定を妥結したのに、いまも厳重な警戒配備を敷いている。

麓の村里には屋敷の建ち並ぶ和やかな暮らしの風景があった。村民たちは友好的で、私を見ると、胸の前で合掌するシャン族伝統の挨拶をしてくれた。タイ人が挨拶に使う合掌《ワイ》と似ているが、シャン族は両手の指が三角形を結ぶように合掌する。農地が広く拓かれ、商店や食堂の軒もあり、荷馬車が緩やかに走り、屋敷には住戸番号まで表記されている。まるでランナー王朝後の城下町を歩いているような眺めだった。

村里の野道を下ると学校があった。堅牢に建造された校舎で、まさに「学びの社」という雰囲気だ。校舎の玄関に入ると、女性教員が廊下の壁に「イラワディ誌」の記事を貼っ

上：シャン州の全景 （シャン族の安全に配慮し，写真を一部加工した）
This photo made modification for safety of Shan tribe.

下：山頂に建てられた学校
親を失った戦災孤児たちがシャン軍に保護されていた

ていた。

記事にはアウンサンスーチーの写真が掲載されていた。私が校舎の見学を求めると、彼女は快諾してくれた。

児童の教室は学年で区画され、音楽や伝統舞踊を稽古する部室があり、校舎には居住用の宿舎が併設されている。全寮制の学校なのかと私は思った。

この学校でシャン族の児童は、シャン語、ビルマ語のほかに、タイ語、英語で行う選択科目の授業を受けていた。シャン軍の若い兵士たちが英語を理解するのは学校教育を受けているからだろう。

私は教室の授業を見学しながら、何人かの児童に目を留めた。ダウン症の児童たちだ。教師が黒板にトラを描いて「ガオーッ」と言うと、みんなが笑い、ダウン症の児童たちも笑った。カレン族のように、シャン族も障害児を区別せずに教育している。

授業が休憩時間になると児童たちは校庭へ飛び出していき、私は教師と話しをすることができた。三十代の男性教員だったが、シャン軍の拠点に在るこの山里で、まさか日本人と出会うとは信じられないと驚いていた。

午前中はシャン族の歴史を学習する授業で、メオ族やリス族など他の民族文化も解説する画集が教材に使われていた。なぜ民族教育を必要とするのか、と私が訊くと、お互いを尊重するためです、と教師は答えた。

私は、障害児を区別しない授業に教育的な意義はあるのかと訊きたかった。質問の趣意を正しく伝えないと大変な失言になってしまう。和英辞書で英単語の和訳を確認しながら、

「成長の遅い子がクラスにいますね。支障はありませんか」と慎重に質問した。

教師は少し考えてから、質問の意味を理解して答えた。

「ハンデを負う子がクラスの支障になるとは考えていません。その子が皆を助ける場面もあるからです」

「区別しない？負担も大きいのでは」

「どのような人間の社会を望むのかによって、その答えは変わります。時間は掛かりますが、私たちは助けあえる社会を創りたいと望んでいます」

校庭で遊ぶ児童たちの輪に目を凝らしてみると、障害児を見わけることができなかった。アロッの村と同じ風景だ。子供に差別の芽生えはない。子供に差別を植えつけるのは結局、子供を取りまく教育と環境なのだろう。

途上国を旅した著名人の本には、そこで出会った子供の素顔を知り、日本の教育制度を懐疑する記述が多く見られる。ごもっともな疑問だと私も思う。障害児を「障がい児」と表現規制するが、受け持ちの児童が自殺した原因は調査委員会を通さないと答えられない

という教育者ばかりいる国だ。『はじまりへの旅』や『ブランカと盲目のギター弾き』のような映画は子供にこそ観せるべきだが、日本ではR12の作品として子供が視聴できないように規制されている。どちらも子供に考えさせ、議論させるべき現実社会の責任や自主性をテーマとして描いてるのに、それが貧弱な大人の教育観で規制されてしまう。

　バーコードの通らない子供を排除する教育制度と、その延長上の屠殺社会を省みるには、一度途上国を旅して人間の子供の素顔というものを知ってみるといい。


終業の鐘が青空に鳴った。透きとおるような青い空だった。

私は教師に礼を述べ、校舎の玄関を出るとき、併設される宿舎について尋ねた。

「生徒は授業が終わると、あの寮に帰るんですか」

「生徒の多くは、帰る家が無いのです」

　これはシャン軍の建てた学校です、と教師が言った。児童たちの半数はミャンマー軍に襲われて家族を失った戦災孤児だった。

5

兵営地へ戻る山道の途中に、シャン軍旗を掲揚する丘陵の広場があった。白い儀仗台と木造の講堂が設置され、人影は無かった。

講堂には古びた白黒写真が展示されていた。シャン族の伝統衣装を着た男たちの写真がある。戦前に撮影されたものだろう。シャン州を隔てるタイ国境の町はどこも古い宿屋や骨董店の並ぶ通りがあり、この伝統衣装を着る王族の絵画が店の奥に決まって飾られていた。

写真の展示文はシャン語で読めなかった。孔雀を模した舞踏具で踊る女。国民党の旗、不揃いの小銃を持つ兵士たちと、広大なケシの畑。

私は講堂の正面に飾られる大きな肖像写真の前に立った。

クンサー将軍の眼光が、そこにあった。

広場に車の停まる音がしたので講堂の外へ出た。セノンが軍用ジープの運転席から手を振ってみせた。シャン軍保安部の黒い制服が似合ってる。右腰に、シグ・ザウエルの軍用拳銃を装着していた。

「朝は迎えに行けず失礼した」とセノンが言った。「シャン州を見た感想は?」

「近代的だ。シャン族なら国を創れるかもな」と私は応えた。

私とセノンは軍用ジープで山道を登りながら、送電塔について話した。ミャンマー軍の空襲を避けるため、爆撃機の降下飛行が困難な山域で着工を開始した送電塔の架設計画は、完成までに十年の歳月を費やしたという。

「維持費は賄《まかな》えるのか」と私は質問した。

「税金だ」とセノンは答えた。シャン軍の拠点となる領地で暮らす人々は農業、炭鉱、輸送などの労働に貢献し、税金の納付を務めにしているという。

「シャン人は、その税金を自発的に納めてるのか？」

「電気が手に届くまで、どれほど苦労をしたのか忘れる者はいないよ」セノンは山頂から麓へ架かる送電線を指さした。「恵みには対価が必要なことを、我々は理解してる」

そのとき、孤児たちの笑顔が脳裏を過《よぎ》ったように私は感じた。

「さっき、クンサーの写真を見たよ」私はセノンに訊いた。「シャン軍の兵士たちは彼を崇敬しているのか？」

「彼は悪名を世界に馳せた」セノンは乾いた声で笑った。「だが、シャン族の歴史に生きた人だ」

「会ってみたかったよ」と私は言った。

「なぜだ？」

「悪人とは思えないんだ」

セノンは私を見て何か言おうとしたが、黙って前を向くと車の速度を上げた。

悠久の悪名

1

シャン軍の特殊小隊が演習を終えて兵営地に集まっていた。

「おい、日本兵が来たぞ！」と部隊の兵士たちが騒ぎだし、私はジープを降りると彼らの質問責めに見舞われた。

「カレン軍にいるんだって？」と擲弾砲を持つ兵士が訊き、「日本兵は刀を使うのか？」「カレン軍は強いの？」「なんで日本兵がカレン軍の味方してんだ？」と小銃を持った兵士たちが口々に訊いた。

反政府ゲリラは、戦線に常時配備される兵士と非常召集される兵士で組織編制をする。戦線に常時配備される兵士は部隊章でなく、肌の色で見わけがつく。最前線は糧食が不足し、芋やカボチャを保存して常食にするため、彼らの日焼けした肌は、さらに黄疸のような赤みを帯びているのが常だ。カレン軍の守備隊もそうだが、シャン軍の特殊小隊に属する兵士たちも皆、そんな肌の色をしていた。

野戦帽に三角形《トライアド》の軍章があった。新型の武器や装備で、供給も安定しているのが弾薬の状態でわかった。RPG砲は自作で改良型を製造している。兵士たちは皆、闘争心が強く、練度も士気も高い。ツリ目だが、笑うとみんな愛嬌のある顔になる。

シャン軍保安部の隊員たちも兵舎に集まってきた。調理係の兵士たちが夕食の用意をす

シャン軍の兵士たち

るあいだ、私はミャンマー軍との停戦協定に関する現状を、隊員たちに訊いた。

「歩哨の数が多いな。普段から、この態勢なのか？」

「普段より厳戒態勢さ」と隊員の一人が答えた。「ミャンマー軍は停戦協定で無防備になった戦線を襲撃する。奴らの常套手段だ」

「どこか狙われたのか？」

「ロイレム、それにワン・ウーの山沿いを狙ってきてる。俺たちは迎撃命令が出てるけどな。カレン軍の状況はどうなんだ？」

「パプンで戦闘になってるよ。こっちはアジア・ハイウェイの通る地域を狙われてる」

セノンが「iPhone」で複数の画像を私に見せた。それはミャンマー軍のチャーター機に乗るシャン軍の最高幹部たちや、ヤンゴンの国防省で会談するシャン軍の司令官を撮影した写真だった。

「停戦協議の写真か？」と私は尋ねた。

「違うよ。非公式の会見だ」隊員が言った。「俺たちは、やられたら倍返しにする。そんなときは、奴らが話し合いを求めてくる」

私は唖然として訊きかえした。

「ミャンマー軍が、和平のためにか？」

「和平のためじゃない」セノンが答えた。「我々の武力を恐れるためだ」

シャン軍は新政府と署名した全土停戦協定《NCA》を信じていなかった。新政府がミャンマーの和平を真に希求するなら、何も停戦協定の段階を踏まず、憲法改正に着手するだけでいい。だが軍部の巣喰う新政府に憲法改正はできない。新政府と外交協定を結ぶ進出国が、少数民族の土地から天然資源を採り尽くした後に、和平を保障するものは無くなる。

軍部の統制下で武装解除となる全土停戦協定は、いずれ少数民族の公民権だけではなく、彼らの生命である土地も奪う結末を招くだろう。だからワ州連合軍は新政府の連邦選挙を不参加とし、アラカン軍は進出国からの寄付金を拒絶して停戦破棄に備えている。そしてシャン軍は州境を侵犯したミャンマー軍に即刻迎撃で報いた。民族民主戦線の局長は私に、新政府が憲法改正を行わなければ、七州の武装勢力は将来、国土を分断しかねないと話していた。

ミャンマー軍は師団指揮下およそ五〇〇の大隊を編成しているが、全師団の三分の一に及ぶ兵力でゴールデン・トライアングルを包囲している。かつて王朝を興したシャン族の歴史的な性格もあるが、やはりクンサーによって強大な武装勢力と化したシャン軍の存在こそ、ミャンマー軍を畏怖させているのだろう。

私は彼らの話しを聞くうちに、講堂で見た肖像写真を思い出した。

「クンサーは、シャン族に讃えられているんだろうな」

私の何げない言葉を聞いた隊員たちが、すっと表情を暗くした。隊員の一人がシャン語で何か呟いた。それまで彼らとの会話は尽きなかったのに、皆、黙り込んでしまった。

歓迎されない話題らしい。好ましくない空気になった。あいにく、私は空気を読んだりしない。そんなものを読むときには老眼鏡がいる。

「なあ。クンサーは麻薬王と呼ばれたが……」

「オキモト、夕食にしよう」とセノンが言い繕った。

「クンサーの話題は禁止か？」私は憮然と応えた。「そんなら先に言えよ」

「彼のことを知りたいなら、本を読めばいい」

「本は読んでる」私は兵舎の食卓へ歩きながら言った。「どの本も、クンサーは悪人だと書いてるよ」

ミャンマーでも、カレン族と同じくシャン族は、凄惨な迫害の歴史を辿った少数民族だ。軍事政権の侵攻で過去に一〇〇〇もの村里を失っているだけでなく、アメリカとタイの麻薬政策に蹂弄され、さらに中国とも州境を接するため、シャン族は人身売買で際立った被害に遭遇してきた。

神でも覆《くつがえ》せない悪の世界を変えるのが、悪の力しかないという現実もある。八十万人の流民が生きる道を、麻薬カルテルの力で創ろうとした男がいる。それがクンサーだ。

クンサーのような人物は、善悪の固定観念で非難され続けるから、まず人間像を正確に伝える著述というものは無いに等しい。ミャンマーの少数民族にとってもクンサーの名は踏み絵のようなもので、悪人だと証言する者ばかりだが、実際にはクンサーという人間が何をしたのか知る者もいない。

アメリカの裏金工作を受けたタイ軍と、犯罪組織化したビルマ共産党に、賤民《せんみん》として搾取され、民族抹殺に狂う軍事政権の獲物として追われ続けたシャン族が、クンサーの登場する一九六五年以降、一気に形勢を逆転させて、シャン軍という武装勢力を盾に反撃していく。頭をひねって考えるまでもない。クンサーが外道どもに、ひと泡吹かせたのだ。

兵舎の炉に、老兵が屈んで火を焚いていた。野戦服の袖から覗く左腕の古い刀傷には、深い縫い痕が遺っている。ナイフではなく、おそらく蛮刀か短い剣のような刃物でやられている。

私は食卓に座って言った。

「あんたも、クンサーを悪人だと思うか?」

老兵は火あかりのなかで、笑ったようにみえた。

2

シャン族の村里は祭りの日が近く、麓の山道は村民たちの供える提灯や花飾りで彩られていた。

　私はカレン軍の戦線へ行くため、夜までにシャン州を出なければならなかった。

　朝食後、シャン軍の兵士たちが射撃場の土嚢《どのう》を運んでいるところへ、私も筋トレがてら加わることにした。私とシャン兵たちは序盤から、どちらが土嚢を早く運べるか競いだし、射撃場を十往復したあたりで、いざ決着をつけるべく走りはじめた。私はカレン軍の野戦服を着ているので、その威信を賭け、むきになって先頭を突っ走った。このような熱意と誠実な態度で人生設計にも取り組むことができていれば、私の将来も少し方向が変わっていたかもしれない。

　シャン軍のトラックで兵営地から山道を下りると、村里は太鼓や笛の音が鳴り、翠色や薄紅色をした民族衣装の女たちが歩く華やいだ風景になった。餅菓子や揚げ豆、練乳酒、野菜の春巻、米麺の屋台が道端に並び、家族と祭りの日を迎えに帰郷する人々が買い物を楽しんでいた。シャン族の礼服を着た年配の男が通りすがりに私を見て、丁寧な合掌をしてくれた。

　屋台の若い女が開けた鍋から、湯気のたつ鶏ガラが見えた。私は急に腹が減り、鍋を指

シャン軍特殊小隊の兵士と著者（左）

さして言った。

「一つ食わせてくれるか」

「いいわよ」

彼女が作っているのは「テェーオゥ」という麺料理だ。沖縄のソーキそばと味が似ている。

包丁で芯菜を刻み、鶏団子を茹で、椀の米麺に盛りつける。塩辛いスープと和えるのが一般的だが、彼女のテェーオゥはトマトで作ったスープを使っていた。

これがじつに美味かった。トマトを漉《こ》して鶏ガラと煮込んだ白湯のスープは酸味と仄かな甘みがある。鶏団子と麺を頬ばり、箸を止めずに食べきってしまった。

村民たちが談笑しながらシャン族の独立旗を手に持ち、山道へ歩いていく。そこへ軍用ジープが停まり、運転席からセノンが降り立った。私は屋台の彼女に紙幣を差しだした。

「勘定してくれ。バーツ札で払えるよな?」

「お金は要らないわ」彼女が素っ気なく言った。「ごちそうしてあげる」

よく見ると、私好みの目もとが凛々しい顔をした女だと気づいた。そのまま見つめ合うと惚れてしまいそうだから、私は彼女に礼を述べて、そそくさと屋台から離れた。

祝鈴を鳴らし、粉化粧《タナカ》を頬に塗る子供たちが笑い声をあげながら走っていく。セノンが煙草に火をつけて言った。

「里の祭りを見て帰ればいいのに」

「また来るよ」

シャン族の独立旗は白い月に赤、緑、黄の三色を描いている。赤は血、緑は大地、黄は天の慈悲を意味するのだという。いまそれが参詣する村民たちの手で晴れやかに振られていた。

「クンサー将軍が悪人とは思えない、とオキモトは言ったな」セノンが煙草の灰を落として訊いた。「それはなぜだ?」

「学校を見たからだ」と私は答えた。「お勉強だけの学校で、障害児は笑顔にならねぇよ。弱い者の立ち上がる道を、誰かが創ったんだ」

セノンは黒いベレー帽を被りなおし、「車に乗ってくれ」と言った。

軍用ジープは兵営地を通り過ぎ、崖に面した山道を登っていく。

シャン軍の建軍宣言は「奪われるだけの歴史を終わらせるために、我らは武装した」という言葉から始まる。

軍事政権の先鋒となったウー・ヌゥ大統領はシャン族を徹底的に迫害し、その掃討作戦を自ら指揮した。殺されるよりは、まだ生きていられる可能性があると、シャン族は子供を華僑の奴隷商に引き渡していた。

武装蜂起をしたシャン軍の兵士たちが初めに手にしたのは、一振りの刀だったという。シャン族の女たちが髪を売り、刀を造る鉄を集めた。それが、シャン軍の戦いの始まりだったと、セノンは私に語った。

シャン軍の挙兵に、ビルマ軍は機銃の弾が尽きると銃剣を抜いて応戦した。シャン軍の抜刀隊は、捨て身で敵陣に突入して累々と討ち死にを遂げ、生き残った負傷兵たちは刀をなお手放さず、敗走するビルマ兵と斬りあいながら前進した。連夜、シャン軍旗は戦いの赤い血に染まった。

そのシャン軍を率いたクンサーは、三千の兵力と凱旋した拠点に、「麻薬王」の宮殿やカジノではなく、故郷を失ったシャン族の住まいと、子供たちの学校を建てたという。

軍用ジープは断崖の荒地で停まった。

助手席から降りると、草むらに錆びついた機関砲の砲筒や、破損した車軸が放置されていた。

セノンは運転席から降り、土に埋もれかけた鉄屑を指さした。

「これが何か判るか？」

捩《ねじ》れた鉄わくに鎖が巻きつけられている。私が鎖を持ちあげると土中から鉄の檻《おり》が出てきた。家畜用の檻だった。インセイン刑務所で政治犯の拷問に使われるやつだ。

「ここにミャンマー軍が来たのか」

「何十年も前にな。二度と来させやしない」とセノンが言った。「オキモト。シャン族の子供は、これに閉じこめられて中国に売られていたんだ」

私は言葉に詰まり、力まかせに檻を蹴りつけた。檻は虚ろな音をたてたきり、びくともしなかった。セノンがつぶやくように言った。

「我々は麻薬王の軍隊だ。だが麻薬王は、そんな歴史を終わらせたのさ」

檻を吹き抜ける風の音が、人の子の泣き声のように聞こえた。崖の上に立つと、ディン・ラォ山渓の絶景が視界に広がった。

麻薬王の悪名を着てクンサーは死んだ。孤児たちの学校、障害児の笑顔。「助けあえる社会を」と説いた教師。

明日を必要とする彼らと、クンサーの眼光が一瞬、なぜか重なったように思えた。

私はゴールデン・トライアングルの山霧に浮かぶ白い花を見おろした。

「セノン。いまもシャン軍の資金源は麻薬なのか？」

シャン州は、かつて世界最大のヘロイン生産地だった。しかし私が出会ったシャン軍の兵士や村里の人々に、注射針で身体を毒されている者は一人もいなかった。そして私は、老兵の左腕にあった古く深い刀傷を思い出した。

「武器も麻薬も我々が望んでいるものとは違う」とセノンは言った。「あれはシャン族の土地に咲く花だ。戦争が無ければ、ただ美しい花として咲くんだよ」

レディ

私がタイとミャンマーの国境地帯を縦断した距離は十年間で一〇〇〇ｋｍを軽く超える。だがミャンマーに入国記録を残したのは四回にすぎない。

二〇〇七年の一月、ミャンマー国境の陸橋を越えた私は、軍警の取り調べを受けた。当時、ミャンマー軍は国境の町に監視所を設置し、銃を持った兵士が陸橋の通行を規制しており、外国人には市外へ八ｋｍ以上の移動を禁止する政令が発せられていた。

ミャンマー国境の陸橋には入国管理局があり、外国人は通行税を支払い、パスポートを係官に預けて、通行証のような紙を渡される。タイ国境へ戻る際は、この紙がパスポートと引き換えになる。

私は入国管理局の窓口でパスポートの返還を待っていた。アウンサンスーチーの拘束に抗議するアメリカ人のＮＧＯチームが、陸橋で騒いでいるのが見えた。入国許可が下りないのだろう。道路には、ミャンマー軍の警備兵たちが立ち並んでいたが、私は慣れていたので、この日も不安はなかった。

入国管理局の係官は普段なら、すぐにパスポートを返還する。しかし、この日は違った。係官は事務室を出て、警備兵を呼んだ。事務室には別室があり、係官と入れ替わりで、警備兵と私が室内に入った。

室内は鉄格子の窓があり、木製の机が置かれていた。尋問室だ。警備兵が私の背後に立った。自分が何を見咎《みとが》められたのか、全神経を集中して考えようとした。

四十代のサファリシャツを着た男が室内に入り、私を睥睨《へいげい》した。私服の軍警だ。男は、滑らかな英語で尋ねた。

「日本人だね。観光かな?」

「ええ。そうです」

「この町には、楽しめる場所が少ないだろう」

「寺院を観て歩くのが好きなんです」

寺院など観に行ったこともない。ブタの貯金箱でも眺めていたほうがましだ。

男はボールペンを手に取った。

「日本での職業は?」

「機械工です」

男は、無地の紙を机の上に差しだした。

「会社名を書いてみてくれ」

私がボールペンで記入する文字から、男は目を離さなかった。

「所在地は、トーキョーかな」

「そうです」

男は、私のパスポートを机の上に置いた。

「あんたが、この国境を越えるのは四度めだ。観光だと言ったね」

「ええ、そうです」

「カメラを持ってるか？」

「いいえ、持ってません」

「観光なのに、カメラを持ってないのか」

私は首を振った。

「落としたら壊れてしまったんです」

男は、パスポートに記載される私の名を読みあげた。

「強そうな身体をしてるな。カラテを使えるのか？」

「学生時代に習っていました」

男は黙った。背後に立つ警備兵の口から噛み煙草の息が匂った。

「それは軍用の編上靴だろう」男は、ボールペンで机の下を示した。「旅行者が、なぜそんなものを履いてる？」

尋問室に連行された理由がそれで判った。私は自分の迂闊さに内心憤慨しながら、「登山をするんです」と答えた。

男は何も言わず、パスポートに視線を戻した。登山について質問されるか？ タイの入国地がバンコクで、この国境は帰路から離れている。疑われたのは編上靴だけか？ タイのバーツ札、ミャンマーのチャット札。ホテルの鍵。携帯電話。カレン軍と関係づけられる所持品は何もない。この場で携帯電話を検査されてもタイにいる連絡員たちの電話番号は圏外になる。デジタルカメラを持ち歩かなくて幸いだった。アロゥとカレン族の村で撮った画像がデータフォルダに残ってる。

鉄格子の窓から「スーチー！ スーチー！」とアメリカ人たちの抗議する声が聞こえた。威喝するように警笛が吹き鳴らされ、無線機で交信する軍警の怒号が行きかう。

「デモクラシー、デモクラシー」男は窓から唾を吐き、私に尋ねた。

「この町で何か買ったものはあるか？」

「いいえ。何も」

「誰かに何か頼まれたり、何かを受け取っていないか？」

「何もありません」

「今後もミャンマーに入国する予定が？」

「そのつもりです」

数秒ほどの沈黙だったが、それは異常に長く感じられた。

　男は私を睨視し、尋問室のドアを開けて外へ出るように促した。

「顔に傷があるな。それはカラテの傷じゃないだろう?」

「転んだんです、酔っぱらって」

「職業は機械工か、ミスター……」男は私にパスポートを返して言った。「オキモト。あんたは旅行者には見えない」

　夕刻の太陽が射す国境の陸橋を、振り返らずに歩いた。軍警の視線に追われている気がしたので、落ちついて見えるようにカルガモぐらいの速度で歩いた。タイ側の国境に向かって全力で走りたくなるのを我慢した。陸橋の川下から流れる風が肌の汗を冷やした。編上靴のせいで尋問室に連行されるとは思わなかった。だがミャンマーで拘留されるのは、いまのような場面だ。写真に映る人物、建物。地図。メモに書きとめた名前。電話番号。不注意な言動、所持品が身の危険に結びついていく。私がカレン軍の兵士を志願してから、まだ一年も経たないころの体験だった。

　当時のミャンマーは、政治批判の発言を公共の場所で聞かれると政府侮辱罪で禁固刑に処せられ、その告発には軍警の報奨金が与えられていた。日本人には信じ難いだろうが、バス停に並ぶ夫婦が雑談の途中、「国の指導者を変えないと」と発言したことで逮捕され、禁固刑の実刑判決を受けたりするのだ。そして、私がミャンマー国境で軍警の取り調べを受けたこの年の九月、ミャンマー軍によるヤンゴン市街の武力制圧を撮影していたカメラマンの長井健司氏が射殺された。

アウンサンスーチーは、ミャンマーの軍事政権と闘う民主化運動の象徴で、軍部は民衆が彼女の名を讃え、国民の正義として語り継ぐことを極度に怖れていた。

当時のミャンマーは、新聞、雑誌などは無論、ポスターの写真に至るまで、スーチーと関連する印刷物に、軍事政権が執拗な発禁命令を下していた。人々はスーチーの名を公にできず、彼女について語るときは「レディ」という隠語を使っていた。

ミャンマー国境の町を初めて訪れた私も、スーチーに関する書物を入手しようとして、現地の本屋でこんな体験をしている。

軍隊に銃で脅かされた町を観察してすぐ気づくのは、言論文化の乏しさだ。目に触れる人々の日常に、言葉で育まれた明るさが皆無だった。

国境には車夫《サイカー》たち（※自転車のタクシー）がたむろしていたが、彼らの誘いを断って中央市場や道端の商店を見て歩き、一軒の本屋に辿りついた。

店番は二十歳ぐらいの娘で、店内には二、三人の客がいた。壁の書棚には仏像の本や、つまらなそうな教養書が置かれている。

私は「スーチーさんの本は売ってねえの？」と店番の娘に尋ねた。客たちが私のほうを振りむき、店番の娘は慌てて入口へ走っていき、外の様子を確認して戻ってくると、唇に指をあて、「レディの本は、本屋に売ってないのよ」と小声で言った。

当時、ミャンマーの民主化運動を報じるのは命懸けであり、外国人のジャーナリストで危険を顧みず行動していた者たちは、報道の領域を超えた個人の正義を持っていた。長井健司氏が偶然に被弾したのでないことは、ミャンマーの民主活動家なら誰でも知っている。人間の正義には銃口が向けられる。それがミャンマーという国だった。

ミャンマーの実態が日本で正確に報じられない理由は二つある。まずミャンマーには、国籍条項で差別化された身分制度があり、人間を等級で分類する国家の頂点に軍部が存在している。それが一つめの理由だ。

国籍条項の上級位を独占するのはビルマ族だけで、少数民族には三等級以下の身分さえ認められてない。軍部の報道管制は社会全体に浸透しており、軍保安局《MRS》の車が町を通ればノラ猫さえも鳴かなくなる。裁判所、行政庁、警察署、新聞社、駅舎や学校、町の祭日に予定される演劇の舞台までが軍部に支配されている。独裁政治に抵抗した代償は投獄だ。無実の隣人が手錠を嵌められ、軍警に連行される日常と、誰もが背中合わせで暮らしており、密告者も誰だか判らない。つまり投獄されなかったのは、密告者と、無抵抗だった者たちだけだ。空港の入国審査官も図書館の貸出し係も独裁政治の一端を担っている国で、

ミャンマーは社会の日常に軍事政権の恐怖がある
（Photo by Citizen in Yangon）

真実の追求に応える手段は命を失うことに等しかった。

そのミャンマーを擁護する日本人は、じつは以前からいた。それが二つめの理由だ。日本でミャンマーの文献を書く人物は教員や学者が多い。彼らは言語や史学の研究目的で在日ミャンマー大使館に査証を申請し、首都ヤンゴンへ行く。あたりまえだが、彼らを最初に空港で待ち受けるのは、軍部の意向を受けた者たちになる。市街の滞在先は届け出が必要で、朝はホテルを出たときから軍警の監視が付く。誰を訪ね、何を調べて、どんな言動をしたのか、レストランで注文した昼食のメニューから、博物館で眺めた化石の種類まで軍部に記録される。そこで用意される資料も情報も、ビルマ族と軍事政権を暗に賞賛するものばかりだ。

だから彼らが日本に帰って執筆した著書は、ビルマ族の近代史観と、国外交流の論点で占められている。自分の体験論として書けることが無い。ビルマ建国後の年表と、民主化運動の事件史を時系列的に載せ、「国軍の暴力行為が指摘されている」「支援国の日本も手放しで喜ぶことはできないだろう」と申しわけ程度に結論する。

ミャンマーの実態が日本で正確に報じられなかったのは、その二つの理由が背景にある。軍警の制圧棒で顔かたちの判別が無くなるぐらい殴打された市民の遺体を自分の目で見ていない知識人たちが、ミャンマーという国についてあまりに軽々しい著述をしすぎており、取材力の無い報道が当事者不在の参考文献を使い回してきたから、ミャンマーを支配する軍部の実態が今日まで可視化されてこなかったのだ。

アウンサンスーチーは、ミャンマー歴代の軍事政権下で十五年二ヵ月もの拘束に屈しなかった。いつごろからか、日本の経済誌ごときが論じるミャンマーの「民主化」が何を意味する言葉なのか、私は知らない。日本のメディアがスーチーを批判する論調など、軍事政権の殺戮者たちに弾圧されながら非暴力で民主主義の理念を貫きとおした「レディ」への畏敬も感じられない。

ミャンマーの「民主化」と内戦終結は全く別次元の問題だ。スーチーの新政府にとって、まず国力の充実こそ憲法改正に優先する民主化政策の指針となったのは当然だったといえる。かつて軍事政権が利潤を与えた権力階級には、民政移管後も軍部の体制を支持する議会の派閥と財界、公職界を強固に結束する力があった。連邦議会には軍部の議席特権があり、軍部の承認を得なければ民主化政策は立法化していくことができなかった。

スーチーの新政府には、軍部を国力の後ろ盾とするしかない民主化政策の現実があった。国民を差別化する身分制度は変わらず、人々には自らの力で民主主義を創生した実感もない。半世紀に及び軍事政権を形成した幕僚らの戦争犯罪は訴追されず、ただ外貨による経済開発だけが急先行していく。進出国から「民主化の支援」として巨額の出資を受ける相手は、どれも軍事政権の体制を支えた官僚企業で、その権益は少数民族の土地から収奪されるというものだ。しかし化学工場の煙突が立つ施設に少数民族を移住させて、彼らの土地が持つ天然資源を割譲するような進出国の開発事業は、「民主化の支援」といえたのだろうか。

神と聖霊を信仰し、自然の恵みを尊ぶ少数民族には、太陽と祖先の土地があれば生きる命には困らないと考える人々が大勢いる。ろうそくの火を灯す生活でも、心は満ちたりているという人々だ。

日本企業の代表団が会見で「ミャンマーの民主化を支援し、現地の生活水準を豊かにする」と述べ、火力発電所の建設計画を説明していた。

私が訪れた少数民族の暮らす村里はどこでも、朝になれば村民が家を出て、その一日、田畑を耕し、川の水を汲み、山菜を穫るという生活をしていた。モン族の村もカレン族の村も電気やガスは無い。村里の山道は車で登れず、馬で荷物を運ぶ。馬は光化学スモッグを排出せず、危険運転をせず、交通事故も起こさない。

村民の子供たちは六歳から十七歳まで、ともに学校で勉強する。毎日が学園祭のように子供たちの笑顔は明るく、いじめも不登校も無い。年寄りたちは敬われ、しわくちゃだが威厳があり、先を争って、若い頃にビルマ族と戦った話をする。わんぱくな孫たちと暮らしている彼らには孤独死する暇もなさそうだ。

村民は絆があり、互いに支え合う文化を持っている。母親たちは他人の子供でも悪戯がすぎれば叱りつける。神の存在を人々は心から畏れており、村祭りの時季が近づくと、精霊が遊びに来たときのために、妖怪ポストのような灯籠を村の道端に立て、その年一番に収穫した米と餅を供えている。

「民主化」などの言葉を使わずとも、少数民族は自分たちに見合う社会の文明を築いている。彼らの生活水準は充分に豊かであり、それを貧しい営みなのだと考える者たちが単に、豊かさの意味を知らないにすぎない。

旧軍事政権下から、こうした少数民族を迫害し、強制労働や略奪、土地の占領が合憲であるとする連邦法を、スーチーの新政府でも改正できなかった現実にミャンマーという国の病根がある。軍部の侵食する進出国の経済開発に少数民族の存在が障害となったとき、ミャンマーは歴史上最悪の内戦へ突入するだろう。曖昧に看過できないのは、その軍部の背後で電卓を叩く進出国の罪責だ。

二〇一八年一月、ミャンマー軍がラカイン州でロヒンギャの移民地区を襲った映像に、世界は震撼した。国連がスーチーに流血の事態を収拾せよと要求し、世界中のメディアがスーチーはロヒンギャの危機を放置していると報じ、スーチーからノーベル平和賞を剥奪するべきだと非難した。

私はロヒンギャの移民地区から五〇〇km離れたカレン軍のスエコタという管区にいた。ミャンマー軍はロヒンギャの移民地区を襲った同時期にカレン州の北部を南下しており、我々の守備隊は緊迫した臨戦状態にあった。

このとき、スーチーがロヒンギャの危機を放置していたという事実は、私の記憶にない。スーチーは早い時期からロヒンギャを保護するために、インドやバングラディッシュなど近隣国に非公式の協力を求めていたが無視されていた。

ミャンマー軍のロヒンギャ虐殺は、軍部の総司令官が承認しなければ起こりえなかった。しかし旧軍事政権下から軍部の本質が何も変わりはしないのだという、この現実を目撃した進出国は、ミャンマーの「民主化」に対する経済支援の中止を決断したのだろうか？

ロヒンギャの切り刻まれた大量の死体が映像で流されても、アメリカ、イギリス、日本、インド、タイ、韓国、一つとして、人道無き「民主化」の不信義に怒りを表明し、ミャンマーの経済支援から撤退した国はなかった。

スーチーに対する世界の非難は偽善に満ちたものだった。その命を軍部に狙われながら十五年二ヵ月の拘束を耐え抜いたスーチーにとってノーベル平和賞など足拭きマットみたいなものだろう。だいたい兵器の父祖ノーベルの名を冠する賞が剥奪されたとして、スーチーが困るはずもない。

スーチーがいなければ、もっとミャンマー軍はロヒンギャを殺していた。おそらく一人残らず皆殺しにしていたはずだ。日本の反政府運動にはケガ人もでないが、ミャンマーで反政府運動をすれば一〇〇人単位で死者がでる。スーチーは、ロヒンギャを機銃掃射した軍部に政治権力を再び掌握させる機会が訪れることを最も危惧した。

ミャンマーの民主化は国民の力で成し遂げられたものではない。新政府の基盤を揺るがすロヒンギャ危機に一貫して内政問題の見解を示すほか、政権分裂に傾く軍部との対立を抑える手だてはなかった。受け売りの民主主義では軍部と対決できないことをスーチーは知っていたのだ。

ハーグ法廷で軍部の罪状を否認するスーチーは、世界中から罵声を浴びた。スーチーの退任を要求する記事、スーチーをナチスの独裁者に見立てたイラストが、世界中の人々の不信を煽りたてた。

だがスーチーは軍部に対し、ある決断をしていた。いずれ軍部は必ず国民の未来に銃を向けるようになる。その前に民主政権を再建し、軍部と対決しなければならない。

そして彼女の決断を読み取った者もいた。それはロヒンギャを虐殺したミャンマー軍に対し、局地戦で攻防を続けてきたカレン民族解放軍、シャン軍、アラカン軍、カチン独立

武装勢力の大物たちは連邦議会に，「スーチーの力が弱まれば
軍事政権は必ず復活する」と一貫した声明を発してきた

軍という武装勢力の大物たちだった。

ミャンマーの民主化実現を勝手に期待する国際世論に対し、スーチー自らが「わたしは魔術師ではない」と言ったように、彼女は魔法も超能力も使えない痩身の女性にすぎない。しかし世界には二人と存在しない、ミャンマーの民主化に自らの命を賭けた女性だった。

一九八九年四月、ミャンマーのダヌピウという町で、こんな事件があった。

スーチーと民主活動家たちが町の支援集会へ向かう道を、ミャンマー軍が立ちふさいだ。ミャンマー軍には射撃命令がすでに下されており、「道を引き返さなければ発砲する」と指揮官はスーチーに警告した。

ミャンマー軍は親切な威嚇射撃などしない。ミャンマー兵の銃は常時実弾が装填され、上官の命令が無くても、人を殺したいときに撃てるようになっている。それはミャンマー軍の常識だから、民主活動家たちは銃口の前から脱兎のごとく逃げはじめた。

だが、スーチーは道を引き返さなかった。彼女は深呼吸し、ミャンマー軍が立ちふさぐ道を歩きはじめた。

二列横隊の銃口が、スーチーを捉えている。射撃命令も下りている。しかし、まっすぐ歩いてくるスーチーをミャンマー軍は撃つことができず、ついに銃を下ろし、彼女に道をあけた。

一九八九年当時、軍事政権が銃で人々を支配した時代に、それはスーチーという人間が何者であったかを如実に物語る場面だったといえる。ただ一人の命を賭けた理念の前に、ミャンマー軍が敗れた。「レディ」が、強大な敵を打ち倒した瞬間だ。

右顧左眄《うこさべん》する群衆、民主化運動、報道、国際世論。その渦中に最初から彼女は生きてはいなかった。身体ひとつで銃口に立ち向かうような人間は、どこまでも生きかたを変えられないものだ。

スーチーは、父親だったアウンサン将軍の姿を追いかけてきた。歴史に仮説が許されるなら、世界に戦争は存在しなくなる。だから日本に対するアウンサン将軍の反逆も、悔しいが、結局は歴史だったのだと私は思う。もし、日本とアウンサン将軍が敗戦を共に迎えていれば、この世にスーチーは生まれていなかったかもしれないのだ。

アウンサン将軍が暗殺されたとき、スーチーは二歳だった。その父親像は後光のような温もりの記憶でしかなかったのだろう。

やがて彼女は成長し、亡き父親の軌跡を知るために来日する。彼女はオックスフォード大学で、日本語の勉強と同時に、日本の戦争を精緻に学んだ。日本にとってビルマ独立が、反徒となる父親の不義を物語る史実であることも彼女は当然に知ったはずだ。

スーチーは来日後、さきのビルマ戦線から復員した南機関の軍人を訪ね歩き、彼らから偽りのない父親の実像を聞きだそうとした。

ときは一九八六年。すでに戦後四十年以上が経過している。しかしスーチーが出会った南機関の軍人らは年老いてなお、アウンサン将軍の英傑と無私を讃え、日本に対するその反逆を決して責めようとしなかった。

スーチーは亡き父親の姿を、はっきりと日本で確かめることができたのだ。


二〇二一年二月、ミャンマーの新政府は軍部の総司令官が指揮するクーデターで瓦解した。ミャンマー軍が連邦議会を包囲し、スーチーは再び囚われの身となった。

軍事政権の復活を世界は呆然と座視した。ミャンマー軍の鎮圧部隊は、ヤンゴン市街を封鎖し、抗議に集まる人々を捕まえて殺しはじめた。

ミャンマー国内の通信回線を軍部は不定期に妨害しており、私はカレン軍に必要な情報を送るため、東京に在住する少数民族の有志から現地の映像提供や状況報告を受け、ミャンマー軍が編成する鎮圧部隊の作戦進路、戦術や武器の種類などを記録していた。鎮圧部隊は実弾の供給が不充分で、練度の低い兵員も目立つ。バゴー管区やザガイン管区あたりから殺人慣れした古参兵が投入され、どのように銃を撃てば効果的に人間を殺傷できるか実践してみせている。

スーチーが拘束された新政府に、民衆を導く力は無い、と私は思った。日を追うごとに死傷者は各地で増え続けている。しかし、なぜ逃げるほかないはずの市民に死傷者が増え続けるのか。その疑問は、あるミャンマー青年が射殺される直前、SNSで発した言葉に突きあたった。

《Suukyi Please you watch over us. I've scary but I must fight them.（スーチー、見守ってほしい。ぼくは怖い。でも闘ってみせる）》

鎮圧部隊の前を行進する民衆のメッセージが、断続的にSNSで拡散されようとしていた。武器を持たず、抵抗する人々がいる。銃口の前で。

スーチーの写真を掲げる手、スーチーの名を呼ぶ声、スーチーを象徴する闘う孔雀の旗。鎮圧部隊に殴られ、蹴られ、立ち上がり、撃ち殺される人々。深夜、私のスマホが、ミャンマー市民の命と引き換えの言葉を何十、何百と映しだした。

スーチーは非暴力で民主主義の理念を貫いた。この理念のみなもとであるガンジーは、非暴力が、逃げきる弱者の詭弁《きべん》でなく、闘いぬく弱者の覚悟だと説いた。

銃口から目をそらさずに死んだ者、祈りを唱えながら死んだ者。震える手を握りあって

WE WANT OUR LEADER
FREE
DAW AUNG SAN SU KYI
FREE
DAW AUNG SAN SU KYI
AUNG SAN SU KYI
WE WANT OUR LEADER
RELEASE
OUR
LEADER
WANT
RMENT
Release Immediately
Our Leader
AUNG SAN SUU KYI
AND ARRESTED PERSONS
Release Immediately
Our Leader
AUNG SAN SUU KY
AND ARRESTED PERSON
RELEASE OUR LEADER
AUNG SAN SUU KYI AND
ARRESTED PERSONS
REJECT MILITARY COUP
RESPECT OUR VOTES
RELEASE OUR LEADER
AUNG SAN SUU KYI AND
ARRESTED PERSONS
REJECT MILITARY COUP
RESPECT OUR VOTES
RELEASE OUR LEADER
AUNG SAN SUU KYI AND
ARRESTED PERSONS
REJECT MILITARY COUP
PLEASE SAVE OUR
LEADER · FUTURE · HOPE
PLEASE SAVE
LEADER · FUTUR

(Photo by NLD)
軍事政権に拘束された15年2ヵ月でスーチーは家族と離別し，私財を失い，
民主化運動弾圧に対抗する往年のハンガーストライキから病身となった
軍警に包囲される自宅前で民衆の大声援に応えるとき，いつも涙を堪えて
少女のような笑顔をみせた
彼女にとって民衆は家族であり，財産であり，自身の命そのものだった

死んだ者。破壊された学校、焼き打ちにされた教会、診療所。スーチーは、そこにいない。彼女の微笑みも、語りかける声も、そこにはない。

ハーグ法廷の答弁後、スーチーは国際社会の支持なく、NLDの力だけで軍部が牛耳る二つの利権構造に切り込もうとした。そして失敗した。自分の年齢と政治生命の余力から、もう好機を待つことはできないと彼女は考えたのかもしれない。

国家の粛正と統一を世界に宣言した軍事政権。未開拓の生産市場と労働力、少数民族の土地と天然資源を経済開放として争奪しあう進出国。スーチー無きミャンマーは、もはやそこに民主化を論じる建前すらなくなった。ロヒンギャの危機にスーチーを非難した国際社会は、スーチーの危機を黙殺した。そしてスーチーもまた、自身の運命に他国の助けを乞わなかった。

ミンアウンフライン軍事政権は、あらゆる汚辱の併合罪を捏造し、スーチーの長期刑を訴追した。

スーチーは囚人となって暗黒裁判の法廷に立った。自身の冤罪と引き換えに、NLDの同胞たちを冤罪へ陥れる誘導尋問が行われ、軍事政権の特赦を請願できる服従の機会が出廷のたびに与えられた。しかしスーチーは正面を向いてそれを拒み続けた。人権と言論を剥奪され、刑場に囚われてなお、身体ひとつで銃口に立ち向かったその生きかたは変わらなかった。その姿は見えない。その言葉は聞こえない。だがスーチーは自由と公正を望む民衆へ、全生涯を懸けて追求した父親の信念を最後に指し示した。自分は国民と共に在る。かつて「レディ」と呼ばれた彼女はまさしく、アウンサン将軍の娘だった。

スーチーを拘束した軍事政権に対し、三大武装勢力は停戦協定を破棄して宣戦布告した。数日のうちに、ミャンマー軍はカレン軍の攻撃で砲兵陣地が陥落、シャン軍の攻撃で鎮圧部隊の補給基地が壊滅し、カチン軍の攻撃により飛行中の哨戒ヘリが撃墜された。

民衆の一群は義勇兵として銃を持ち、ミャンマー軍の駐留する市街で抵抗をはじめた。逃げ遅れた子供が流れ弾で死亡し、銃を扱えず投降した若者たちは即座にそこで頭を撃ち抜かれた。軍警に追われる避難民には食糧も水も隠れる場所もない。ミャンマーの民主化を支援する進出国の日本は、軍部の命令で経済特区を立入禁止にし、物資の流通を止め、通信回線を遮断させ、助けを求める避難民にその門を固く閉ざした。

軍事政権による弾圧は首都を中心に強化され、スーチーを失った国民社会は崩壊した。軍事政権と親交を持つ日本の財界人が事態の収束に努力すると記者会見で述べ、経済特区の支社員らは状況の好転を待つしかないと電話取材に答えた。

ミャンマー軍に自力で立ち向かった数千人が銃口の餌食となった。市街の弾痕、道路の血溜まり、瓦礫のなかで火葬された遺体。理念を信じて死んだ者たちの後に、武器で報いることを誓う者たちが残った。殴り殺された妻の髪を編んでブレスレットにし、狙撃銃を持った者もいる。そういう者たちの殺意の矛先を、世界も日本も甘く見すぎている。

ミャンマーの民主化が何か、私は知らない。レディ無きいま、ミャンマーはビルマ内戦時代に逆戻りしたのだ。

THING
WILL BE
WE WANT
OUR LEADER
FREE
DAW AUNG SAN

日本鬼

1

箒木蓮生の『逃亡』という小説がある。主人公は戦犯となる日本軍の特務工作員だが、物語は冒頭、憲兵隊に拷問されて絶命する抗日ゲリラが「ヤープンガイ」と呻《うめ》く場面から始まる。

ヤープンガイ。広東語で「日本鬼」という。この言葉が、やがて日本の敗戦に翻弄される主人公と、敗れた大義の行く末を描く物語のなかで、黙示的な意味を顕していく。

一月、私は訓練教官としてカレン軍の司令部に招かれた。ボジョーの要請で第5旅団と第3旅団、それに特殊大隊の兵士を訓練する。

カレン軍の輸送挺に乗り、サルヴィン川を眺めながら十年前の光景を思い出した。

二〇〇六年に私が初めて見たミャンマーの戦場は、まさに地獄だった。ミャンマー軍の攻撃が激化し、カレン軍は主要な作戦拠点を失い、部隊の兵士たちが無残に戦死していた。ミャンマー軍は東部の戦線で化学兵器を使用し、治療不能の重傷を負う兵士たちが続出した。敗血症になった兵士たちが衰弱死していき、戦線の分断で銃と弾薬の補給も困難になった。配給の食糧が途絶え、部隊の兵士たちとインスタントヌードルの乾燥麺を砕いて分けて食べたこともあった。たった一ヵ月で肋骨が胸に浮きでるほど痩せた。

国連がミャンマーの軍事政権に制裁決議を下し、世界各地では反戦集会が行われていた。しかしミャンマー軍と現実に戦っているのは国連でも世界の救援機関でもなく、カレン軍だけだった。その戦場は、絶望的に孤立していた。

日本を離れて、ミャンマーの軍事政権と戦うカレン軍の兵士になった私には最初、強い自負心があった。だが戦場を見るたびに、自分の無力さを思い知るようになった。

少数民族というだけで、人間が虫けらのように殺されている。その現実を何ひとつ私の手で止めることはできなかった。

私には、カレン軍の兵士一人一人の顔と名前を覚え、記憶に留めることしかできない。彼らを戦場から連れてきて、日本の女の子たちに会わせることができたら、きっとモテるだろうと思う。純情で、実直で、心の優しい男たちだ。それが地雷や迫撃砲で死んでいく。どれだけ彼らが命を犠牲にしても、ミャンマー軍の侵攻が衰えることはない。私が戦場へ行く意義はあるのかと自問するようになった。

カレン軍一万四千人の兵力を統率するボジョー・ヘンは、筋金入りの武闘派ゲリラだ。その戦いかたは正攻法で、ミャンマー軍の将兵だけを戦場で討ちとり、民衆を狙ったテロ攻撃など絶対にしない。カレン軍の声明で、くりかえしボジョーが使う言葉は「我々は国軍とだけ戦う《Army to army》」。ミャンマーの、いや世界の武装勢力のなかでも、ボジョーほど高潔な司令官はいないと私は思う。

ボジョーには、私の印象に残る人間像がある。たとえば一つは、兵営地での話だ。兵営地に茶色の犬たちと、一匹の白い犬がいた。茶色の犬たちと比べ、白い犬は体型が小さく、苛められることがあった。

ある日、私とボジョーと第5旅団の大尉が話をしていると、白い犬が遊んでほしそうに近づいてきた。

そこへ茶色の犬が二匹、唸り声をあげて現れ、白い犬を苛めはじめた。茶色の犬たちは二匹で白い犬に噛みつき、地面に捩じ伏せようとする。私と大尉は話をしながら、それを見ていた。

白い犬は必死に戦おうとするが、茶色の犬たちは卑怯で、二匹が挟み撃ちをくりかえす。白い犬は噛まれるたびに鳴き声をあげたが、小さな牙を剥き、逃げようとはしなかった。

そのときボジョーが悠然と歩いていき、渾身の力を込めて茶色の犬たちを蹴りあげた。二匹とも流れ星のように、戦場の空へ飛んでいった。

可笑しかったが、なるほど、と私は内心で思った。ボジョーは弱い者いじめが嫌いなのだろう。そしてたとえ弱くても、逃げずに戦う者を見殺しにしない。茶色の犬たちは夕方、なんとも神妙な顔つきの犬になって戦場の空から戻ってきた。

　もう一つは戦線の話だ。ミャンマー軍はカレン軍との戦闘に敗れると、砲兵陣地などに武器を放置して撤退する。この武器を接収するのだが、自動小銃や重火器のほかに非人道兵器と呼ばれる武器を発見することがある。

　ある日、ミャンマー軍から接収した武器を、カレン軍の兵士が選別していた。BA六三小銃やRPG砲が右側に、複数の擲榴弾が左側に選別して置かれていた。

　私は擲榴弾を見て舌打ちした。白燐弾《はくりんだん》だ。

　白燐弾の破片は人体に付着すると、燐炎になる。燐炎は皮膚と筋膜を焼きながら、骨にまで到達する。燐炎は水では消火できず、炎に包まれた部分はナイフか鉈で切り落とすしかない。治癒するまで熱傷痕は長期にわたり化膿と組織の壊死を発症させる。クロムェの脚を焼いたのは、この白燐弾の一種だ。

　私は白燐弾を手に取り、兵士に訊いた。

「こいつをどうする?」

「棄《す》てるんだ」その兵士は答えた。

「使わないのか?」

「ボジョーの命令だ」と兵士は言った。「俺たちは使わない」

　私がボジョーと出会って十年が経つ。彼の武勇伝は数えきれないが、彼自身の人間像は、この二つの場面に顕れている。私が敬服するのは、これほど残酷な戦場で闘いながら彼が心を邪悪な力に支配されていないことだ。人生の全てを戦場に捧げながら、憎悪や怨嗟に心を蝕まれてない。ミャンマー軍は悪魔だが、ボジョーは悪魔にならない。内心に秘めたミャンマー軍への怒りは私の想像を超えるものだが、彼は真の軍人であろうとする。

過去、ボジョーにはアメリカ亡命を提案する有力な打診があった。当時、ミャンマーの軍事政権を敵視したアメリカのライス国務長官がカレン軍のファンでもあり、国外の政府協力者が関係する具体的な話だった。

しかしボジョーは即座にそれを断った。カレン軍には自分の指揮下で戦死した兵士たちがいる。自分もまた戦場から生きて去ることはしない。それがボジョーの答えだった。

カレン軍には、ボジョーのためなら死を厭わない兵士たちが大勢いる。謀略と裏切りが絶えず、戦う理由を見失うような戦場で、ボジョーは幾度も死線から生還してきた。

そのボジョーに兵士たちの訓練を任されて、十年前の自分を顧みたとき、彼らの戦場へ行く理由が初めて見つかったような気がした。ボジョーは親しいようにみせても、自らが認めない人間を軍の統率には絶対関与させない。私は十年の歳月で、すこしはボジョーに認められる存在になれたのだろうか。

兵士とは何か，それを著者はボジョーから学んだ

2

この時季、カレン軍第5旅団管区の練兵場は朝から乾季の太陽が射しこみ、摂氏三八℃の砂塵に包まれる。夜は寒さのせいで眠りが浅い。寝ている兵士たちは未明の冷気に目を覚まし、肩を震わせる。眠りも夢も短いのが、反政府ゲリラの兵士だ。

カレン軍には、自衛隊の陸曹教育隊に準ずる士官教育隊があり、曹位は入隊後に年間二季の特殊訓練行程を修了する必要がある。早朝から全隊でジャングルの執銃走を始め、各訓練隊で狙撃、威力偵察、爆破、急襲などの戦術訓練を行い、夜間は兵学の授業も受ける。私が見るかぎり、兵学の授業が彼らに一番苦痛を与えている。睡魔との戦いになるからだ。

ボジョーが私の訓練隊に集める兵士の基準は知らされていない。彼が選んだ一個分隊の兵士を八日間の訓練行程で鍛えるのが、とにかく私の役割だ。

訓練隊の編成は、第5旅団、第3旅団から司令部に配置された兵士を中心にしているが、特殊大隊からドーナ山脈を二日間も縦走し、私の訓練に加わる兵士もいる。

特殊大隊の兵士は方面部隊との交流に馴じまず、一人で過ごすことが多い。カレン軍の部隊章は同じでも、方面部隊の兵士たちは訓練が終わると練兵場でサッカーを始めるのに対し、それを特殊大隊の兵士は木陰に寝ころんで眺めている、という様子で見当がつく。

私は練兵場で教官らしく振るまうが、前日に先任の少尉から名簿を提出され、訓練する兵士たちの名前を覚えるまで、じつに一晩を費やす。「ヘイ、ユー」なんてのはダメだ。

暗記が苦手な私は、手のひらにペンで兵士たちの名前を書き込むことにした。訓練初日から全員を名前で呼べないといけない。『ムルデカ』を読むと、そこから物事が始まるのだとよくわかる。

3

「1《ダ》…　2《キ》…　3《サ》…」

「ハンス、膝を上げろ。ラシン、起き上がれ、もう諦めるのか？」

「4《ルイ》…　5《エ》…」

「俺を見ろ、これぐらい楽勝だ。日本人に負けるのか？　カレン族は負けるために生まれてくるのか？」

野戦帽に陰る眼が、私を睨む。反感、対抗心。屈服しない眼であれば、なんでもいい。

「もう一〇〇回やるぞ。曹長、一から数えろ」

サルヴィン川の岩礁に太陽が照りつけている。炎天下の腕立て伏せは、すぐ限界がくる。砂のため編上靴が踏み堪えられない。腕の屈伸に過度の筋力を消耗する。兵士たちは呼吸

が荒く、洪水のような汗で戦闘服が黒く濡れている。私の顔は日焼けでヒビ割れ、安物のトカゲ革の財布みたいになっている。バンコクに戻ったら、薬局でアロエの軟膏を買って塗る。しかし、いまは教官らしく涼しい表情で怒鳴り声を張り上げなければならない。

訓練は開始から二日目までが苦労する。反発する兵士たちと一日、手の皮が剥けるほど腕立て伏せをする。今日は四〇〇回、五〇〇回。それ以上か。

訓練隊に変化がみられるのは三日目からで、兵士たちは水浴びや食事をした後、各自で時間をつくり、腕立て伏せをするようになる。八日間の訓練が成果を伴うものになるか、そこで大体見きわめがつく。

正午過ぎに、カレン軍の輸送艇が次々と接岸し、新兵たちがベルゲンを背負って浅瀬に降りはじめた。早速、兵営地から伍長が駆けつけると大声で一列行進を命じた。到着した新兵たちはカレン軍の部隊章も野戦服に縫い付けておらず、M一六小銃を抱えてなければボーイスカウト・キャンプに行く少年団のようだ。

輸送艇を操縦する兵士が甲板から、氷の袋で冷やしたビールを持ってきた。それを訓練隊の少尉が受け取り、「冷えてるうちに飲んでください」と私に差しだした。

「何だ。どうしたんだよ」

「皆から、ほんの気持ちです」

おもいがけず贈られたタイ製のビール「ビア・チャン」は、缶ではなく、瓶入りだった。カレン軍の兵営地周辺で、このビールは缶なら買えるが、瓶入りは売っていない。彼らは手持ちの金を出しあって、これを今朝一番でタイの町から取り寄せたのだろう。わざわざ缶でなく瓶入りにしたのは、きちんと軍人の流儀を示すためだ。

「そうか。よし、皆で飲もうや」

「俺たちのことは気にしないで。どうぞ飲んでください」

少尉の名はコラヒという。訓練隊の一期生だが、私の親友でもある。特殊大隊に所属し、ナイフ戦は部隊一の実力だった。

私とコラヒ、訓練隊の五人でサルヴィン川の砂洲に座り、冷えたビールを飲んだ。輸送艇を操縦する兵士が離岸するとき、こちらを羨ましそうに見て、エンジン音を大きく数回からぶかしさせた。

4

カレン軍第5旅団のルイスは情報員を務める准尉で、十七歳から戦場にいる。ルイスはカレン語のほか、英語、タイ語、ミャンマー語を話す。彼は私のことを「オキ」と呼び、話しをするときは私が恥を掻《か》かないように、わざとヘタな英語を使う。いつも私がタイの国境を越えるとき、カレン軍の輸送艇は彼が手配をする。タイ軍の国境警備隊が駐留する検問所、連絡員の配置、陸路の移動手段、天候までを、ルイスは細かく調べる。出発する朝が大雨なら、輸送艇の航行に支障がないか、彼は川の状況を確かめに行く。見過ごしてしまうような情報から危険を判断するのは、十七歳から戦場で身に付けている観察眼と、経験則、それに直感だ。

あるとき私を乗せた輸送艇がタイ国境の沿岸に接近中、予定した接岸地点からの離脱を指示するルイスの緊急無線によって方向転換した。やむをえず輸送艇は約三〇〇m上流の切り立つ崖壁に係留され、私はベルゲンを担いで波の打ちよせる岩場を登るはめになった。

わけもわからずルイスを恨みながら崖壁の上まで登りきると、予定していた接岸地点を通過するタイ軍の国境警備隊が見えた。その出来事があるまで、私はルイスの働きというものを知らずにいた。

ルイスには四歳の坊やがいて、よく私に懐いている。元気な男の子で、私が兵士たちの訓練を終えてバンガローに戻ると、坊やが木の枝を持ち、麓の小道を走ってくるのが見える。

坊やは木の枝を剣にして私と戦い、子犬たちを追いかけて、遊び疲れるとバンガローのベンチで眠る。夕方になると、ルイスが坊やを迎えにくる。

この日、ルイスと私はミャンマー軍の動向、スーチーの民主化政策、それに鶏の玉子が値上がりしそうなことなど、取りとめのない話しをしていた。

夕方も五時に近づくとバンガローは暗くなる。ルイスの坊やは、すやすやと寝息をたてながら子犬と一緒にベンチで眠っている。

練兵場では新兵の小隊が操銃訓練をしていた。新兵たちは長い一日を過ごす。ルイスが言った。

「あの小隊に、子供のころオキを村で見たっていう新兵がいるんだよ」

「へえ、よく覚えてるな。どこの村から来たやつだ？」

「デヴォノ村の出身さ。カレン軍に日本人がいるんだ、子供のときに見たら忘れないよ」

とルイスは笑った。「オキが来て、もう何年ぐらい経つのかな」

十年が経つ。もうすぐボジョーは全軍の総司令官になる。マナトは村の美人と結婚して娘が生まれた。私は、年を取ったのだろう。

「ラシンたちが、いつも訓練の話しをしてる。あんたの影響を受けてるんだ」ルイスは、私がバンガローの壁に貼った日本の国旗を見あげながら「オキ。ひとつ聞いてもいいか」

と言った。

「何だ？」

「オキは日本人だけど、きっとカレン族を好きになってくれたんだと思う」

「まあな」

ルイスは黙り、やがて言葉を選ぶように続けた。

「昔、俺たちが生まれる前に、日本軍がビルマに来て大勢のカレン族を殺したこと…オキは知ってるかい」

私はルイスの顔を見ようとしたが、うつむいた彼の表情は窺えなかった。

「ああ…知ってる」と私は答えた。

しばらく、沈黙が続いた。私は言葉を付け加えた。

「俺は、日本人として謝るべきだろうな」

「謝る必要はないさ」とルイスは言った。「ただ…オキが、どう答えるのか俺は知りたかったんだ」

その声に、非難の響きはなかった。坊やがベンチから眠そうに起きて、父親をさがした。わが子を抱きあげたルイスの顔に夕陽が射し、普段の物静かな表情が見えた。彼は「また明日」と言った。

私は一人になり、壁に貼った日の丸を見あげた。日本を背負うつもりで持参した日の丸だったが、カレン軍の兵士たちの眼には、どのようにこの日の丸が映っていたのだろう、と初めて考えた。いままでカレン軍の兵士が私の前で、日本軍について言及をしたことは一度もなかったからだ。なぜルイスは突然、いま私に日本軍の話をしたのだろうか。日本軍は大戦中、ビルマ進攻でカレン族を殺し、日本政府は戦後、カレン族を迫害するミャンマーの軍事政権に加担してきた。

日本鬼という言葉を私は、ふと思い出した。『逃亡』という小説の冒頭で、抗日ゲリラが口にした言葉を不意に思い出したのだ。

十年前、この戦場に初めて来た私は、カレン族にとって「日本鬼」の一人だったのではないだろうか。

かつて兵士たちは、どんな心境で私を迎えいれたのだろう。いまボジョーは何を願って、兵士たちの訓練を私に託《たく》したのだろうか。

カレン族は英語で日本人を「ジャパニーズ」と呼ぶ。だがカレン語であれば、日本人は「プコ」と呼ばれる。

カレン軍の代表的な軍歌『我らの大地《ユ・カクニョ》』には「日帝兵《プコ》を討ち倒し…」という歌詞がある。

プコは日本鬼に等しく、ビルマ進攻でカレン族を虐殺した日本兵の蔑称だが、いまでもカレン族が日本人を呼ぶ言葉として使われている。

この戦場に初めて来た当時、私を見るカレン族の村人たちから、その言葉が囁かれるのを聞いた。「プコだ」「プコが来た」と。

いま、私はカレン族の村人たちから「オキモト」と名を呼ばれ、慕われるようになった。もう私を「プコ」と呼ぶカレン人はいない。しかし、それでも私は日本人だ。いまも私を見るカレン人の眼には、どこかに日本兵の影が重なっているのかもしれない。

償いは済んでる、と誰かは言う。でも、その言いかたは間違っている。長い年月が過ぎ去っても、償いきれないものはたくさんある。途上国のジャングルに暮らす民族であれ、最愛の者に抱く想いは日本人と同じだ。どんなに崇高な大義を掲げた軍隊でも、女子供を殺せば百年先まで汚名は消えない。償いとは、その汚名を背負って歴史に何を果たすかだと私は思う。日本軍を断罪する声は多々聞くが、その汚名を自分が背負って歴史に何かを成してみせるという日本人と、いまだに私は出会ったことがない。

謝る必要はない、とルイスは言った。この戦場で私が十年の年月を過ごした今だから、初めてルイスはカレン族の記憶を私に伝えようとしたのかもしれない。そして日本人の私とカレン族には、ともに過ごした年月だけでは、決して越えることのできない歴史がある。

練兵場に号令の声が響きわたり、まだ幼さげな十代の新兵たちが駆け足で掲揚台の前に集まった。

ミャンマー軍の侵攻からカレン族を護ることができるのは、カレン軍だけだ。国連も、世界の救援機関も、ミャンマー兵の暴力に奪われるカレン族の命を護ることはできない。虐殺の光景を目の前にして反戦集会や人道支援に動くのでは遅すぎる。すでにカレン族がミャンマー兵に殺された後だからだ。

この戦場では、カレン軍の兵士こそが戦争を止める力になれる。彼らを訓練する私は、ほんのすこしだけ彼らを援護する役割を担うことになるのだろう。

私はベレー帽を手に持って練兵場へ行った。

ボジョーが野道の草花を眺めたり、足もとに戯れる子犬を撫でたりしながら、慰霊塔の丘に一人で歩いていくのが見えた。

乾季の太陽が一日のうちで最も赤く映える数分、時間を止めたように世界最古の戦場は静まりかえる。

「捧げー…」という軍曹の若い声が夕昏の山河にこだました。カレン軍旗が風に翻りながら、地上へ降りはじめた。

古代ビルマのカレン族が遺す石器や土器に
人と戦う目的で作られた武具はなく、古来
カレン族には剣や弓など兵備を伝承させた
歴史もない

なぜカレン族は世界最古の戦場を戦い抜く
武装勢力となったのか

著者はカレン軍の兵士たちを見て、ひとつ
気づいたことがある

カレン族の戦いかたは、ときに自然界の
弱者が子や雛を守るため、強大な外敵と
戦い、自らの命を犠牲にする姿と重なる

それは敵を殺すことより、大切なものを
守りきる目的で戦う捨身の命に、どこか
似ている

第二次世界大戦末期、ビルマ戦線を敗退した
日本兵の一部は餓死寸前でカレン族の暮らす
ジャングルに逃れた

日本軍のビルマ進攻で大勢の同胞を殺された
カレン族には、いまこそ日本兵らを捕らえて
殺せと憤怒する者たちも少なくなかった

だが結局カレン族は衰弱した日本兵を看護し、
殺さずにタイ国境へ送り届けた

ビルマ戦線から生還できた数少ない日本兵の
証言に残るその事実は、たしかに著者の見た
カレン軍の兵士たちが持つ何かに通じている

戦場に行くきみへ

あれは雨季の終わる十月、カレン州ダワドの戦線へ出撃した六人の分隊を、いまも忘れることができずにいる。

皆、年齢は二十一、二歳で、ほとんど英語は話せなかった。言葉が通じないから、私も彼らも身ぶり手ぶりで会話をした。夕食後、私を訪ねてきた彼らとバンガローの外で焚き火をした。

肩を組んで、煙草の葉を巻いたり、竹で編んだボールをリフティングしてみせる。六人とも兄弟のように仲が良く、私と目が合うたびに微笑んでいた。

彼らの一人が煙草のけむりで、うまくハートの輪をつくった。

「マイガール」と誰かが言い、「こいつ好きな女がいるんだ!」などと皆で騒ぎはじめた。私は「静かにしろ」と制し、マグライトを野戦服の股間に入れ、おっ立たせてみせた。とたんに大爆笑がおこった。この一発芸は、どんな場面でも使える。

焚き火が消えそうになると、誰かが薪を持ってきた。皆、夜も更けようとしているのに焚き火から離れようとしない。彼らは時間を惜しんでいるようにも見えたが、その理由に私は気づかなかった。

早朝のまだ暗い時刻、私がハンモックで寝つけずにいると、編上靴や小銃のスリングの音が外に集まり、やがてバンガローの戸が遠慮がちに叩かれた。

私が戸を開けると、朝霧のなかに重装備でM一六小銃を持つ彼らが整列していた。隊列の一人がカレン語で何かを言うと、全員が姿勢を正して私に敬礼した。その瞬間、私は昨夜の馬鹿げた自分の振るまいの、すべてを後悔した。

ダワドの戦線に出撃した彼らを私が見たのは、それが最後だった。それが彼らと最後の別れになった。

ミャンマーの反政府ゲリラ「カレン民族解放軍」の兵士を私が志願した日から十年以上が経つ。

もっと早い時期に本を書く機会はあったのだろうが、戦場へ行った二年か三年で自分が戦争を語れるのか、と疑問だった。兵士たちの死に直面するほど、その疑問は大きくなった。

戦場へ行くとき、映画や小説のような場面も経験するが、どれも目にする現実は悲惨で救いがたく、物語の主人公になったような胸の高鳴りも、すぐに消える。

銃は命を奪う武器でしかない。たとえ水鉄砲であれ、銃口を向けられることには抵抗を感じる。日本のミリタリー雑誌は、最新型の軍用小銃を撃つ兵士の写真だけでなく、顔の皮膚を移植し、手足を欠損させた兵士たちの写真も載せるべきだ。サバイバルゲームや、ガン・シューティングに興味を持つ人々こそ、戦争の惨禍を社会に伝えていく力になるべきだと思う。中国や北朝鮮などの兵器産業は、空中散布する対人地雷や、遠隔爆破できる殺戮ドローン機を製造し、ミャンマーのような国に売る。日本のミリタリーファンが怒り、戦争を的確に批判できる力となってくれたら、我々は心強い味方を得たことになる。

本書を著《しる》す最前提として、ミャンマー武装勢力の地勢や戦力に関する特定的情報は私が兵士ゆえに知り得たものであり、これらは一切明かさず完稿とした。出版の都合上、国内法規に抵触し得る部分を削除し、一部の地名、人名を仮称にしたが、全編裏付けの取れる事実のみを記述している。なお「暗殺の町」は関係する人物の現在に配慮し、あえて数箇所の事実描写を不正確にした。

売り上げのためには迫力ある戦闘場面が必要だったかもしれないが、ありもしない作り話を書くことはできない。傭兵を題材にした物語は、大半が嘘で誇張されている。作者が嘘を平気で書こうとしている。戦場で自分を最強だと信じる者はいない。銃やナイフでの殺しを見せたがる者もいない。それはミャンマー兵と同じで軍服を着た殺人者でしかない。人間は泣き、苦しみ、涙も血も流す。兵士もまた人間にすぎない。

私が戦場へ行った十年には、一円の価値も無かった。言い換えれば、それは金に替えられる経験ではなかった。

ミャンマーの少数民族であるカレン族に、日本人の私が特別な思い入れを持つわけではない。ミャンマーではなく、それがチベット、ウイグル、クルドであっても、自分の目で見たものに命を賭けられるなら、どこであろうと傭兵は銃を取る。

私はカレン軍の傭兵だが、べつにカレン族のために戦ったとは思ってない。カレン族の未来は、カレン族が自ら戦って勝ち獲らなければならないものだ。

カレン族には、いまも多くの支援が要る。だが、その支援を断り、自らの意志で起ちあがることができなければ、彼らの未来は始まらない。その未来は、難民として逃げ続ける者でなく、民族の命運と共に立ち向かう者しか背負うことができない。

戦場は、誰かの授かる未来のために、兵士が命を犠牲にする場所だ。生きて帰りたいと、そう兵士は願う。その唯一無二の願いを捨てる覚悟に到ったとき、兵士は戦火に命を断つ。父母と、幼い姉弟と、愛しい彼女を護れるのは、自分だけだと覚悟した兵士たちの姿を追って、私は彼らの戦場へ行った。

本書に登場するアロゥやリアムは、もう今は生きていない。ミャンマー軍の情報部は、過去に二度の銃撃戦でアロゥを負傷させたが、殺すことはできなかった。しかしある嵐の夜、アロゥを乗せた輸送挺が川で座礁し、彼は激流に呑みこまれて死んでしまった。

カレン軍最年少の兵士だったリアムは、いつも部隊で私の後ろを歩いている小さな弟のような存在だった。戦争が終わったら、父親と一緒に畑仕事をしたいと願っていた彼は、故郷の村里に近い州境で壮絶な戦死を遂げた。

人間は幸せを追い求めていても、急病や突然の交通事故で死ぬ。兵士が殺しあう戦場で死ぬのは当然かもしれないが、それを理解していても、彼らの死を悔やまずにいることはできない。

傭兵の世界は戦史の紀元にまで溯るという。その戦場は、とても一冊の本で語りきれるような場所ではない。

戦争は究極の暴力だ。迫撃砲の音が轟けば、生ぬるい右や左の能書きはすべて吹きとぶ。宗教画の地獄は、火炙り、針山、血の池を描いている。ミャンマー兵はカレン族の村人を火焔放射器で焼き、捕虜の鼻や舌に火串を刺す。強姦され、殺された女の遺体には胎児のとびでたものもあった。死後の地獄はミャンマーの戦場よりも、ずっと良識のある描かれかたをしている。

燃え墜ちるようなオリオン星雲、青く光る蝶の群れ、十字架の梢《こずえ》が連なるカレン軍の墓地は、まれに現世から遠く美しい情景をみせる。清く澄んだ眼の若い兵士たちが次々と戦死を遂げ、折りかさなる屍となり、それでも平和は実現しない。彼ら以外の誰が、どんな言葉で、ミャンマーの平和を語れるのかと私は思う。

日本に帰ると、部屋のベランダで外を眺め、夕方から海岸をランニングして、一人の時間を過ごすような日が続く。親しい友人たちとも疎遠になった。この年齢なら家族と会社を中心にした人生を歩んでいるのが普通だ。私は結婚しない。家庭を築くつもりはない。どうせ結婚しても三年ぐらいで離婚になる。孤独かもしれないが、一人でいるほうが気楽でいい。

デイビッド・フィンケルの『帰還兵は、なぜ自殺するのか』という本は何度か読み返した。共感できる記述もあるし、反対に共感できない記述もあった。

作者には一つ誤解がある。戦場へ行った兵士は必ずＰＴＳＤになるものだ。その自覚があるか、その自覚がないかは、大きな違いとは言えない。兵士を続けるつもりならＰＴＳＤを自覚していることは隠そうとするだろう。医師の投薬や心理療法で兵士のＰＴＳＤは治癒しない。悪夢に脅えたり、依存や障害を患うことだけが症状ではないからだ。戦友と話しあえる距離にいれば兵士は自殺などしない。その意味でいうと逆に、私のＰＴＳＤは一人でいるのが平気になったことだ。それから、欲しいと思えるものが無くなった。いや本当は、ハーレーの旧車と、ドーベルマンの子犬を一匹欲しい。

でも、それが無ければ無くてもかまわない。リアムのように、何も欲しがらず戦死した若者もいる。

日本へ帰るたびに新しい仕事を探さなければならないが、とくに苦労はしてない。土木作業、屋根の修理、除雪車の運転、どんな仕事でも最善を尽くす。日本で私の経歴が求められるような職場は無い。私は各国の軍用小銃や対戦車砲を扱えるし、小隊行軍も指揮できるが、予備自衛官にもなれない。皮肉だが、それが世の中というものだ。

しかし私には目標がある。それはタイの児童売春ルートを潰すことだ。タイの児童売春ルートは、政治家、官僚、大国の犯罪組織も結託して、巧妙に存在が偽装されている。

ユニセフのような救援機関は、児童たちが暴行されたフィルムを数千本も確認しながら事態を解決できない。だから我々がやる。軍事作戦として実行する。本来、我々の武力は、そういう戦いを意義とするべきなのだ。

それが片づいたら日本かタイで子ども食堂でもやろうと思う。料理は素人だ。みそ汁も作れない。だから、子ども食堂は手伝ってくれる人たちを探さなければならない。

東南アジアには汚職が蔓延し、法が機能せず、権力と犯罪の同化しているような国々がある。悪党に喰い荒らされる町があり、善行は目障りとされ、すぐにバットで警告される。だがそこに、賄賂を拒否する警察官、無償の往診をする医師、失業者に炊き出しの世話をする尼僧がおり、学費を支払えない家庭の児童に、自宅を私塾として開放する教師がいる。

明日を生きる手段に誰もが困窮している社会で、金や力に負けない人間がいる。互いに恵まれた境遇ではない人間の行動だ。途上国には、待っていても与えられる希望はない。そこでは人間が行動しないかぎり希望は生まれないのだ。

日本は経済大国で、被災や貧困から国民を保護する法と行政の管理社会がある。しかし毎日のように朝から自殺で電車は止まり、道を歩く児童らが変質者に狙われ、生活苦から母子が心中し、虐待された幼児の遺体が閑静な住宅街で発見されたりする。

直前まで、周囲が惨事の兆しに気づかずにいる。周囲の誰かが、ほんのすこし手を差し延べていれば助かっていた。日本を見ていると、そんな人間の死が増えすぎていると私は感じる。政府も企業も安全、安心、というキャッチコピーを連発するが、現実は一年間で五十万人以上の自殺未遂者と、先進国で最多の精神疾患者を抱える社会不安に、日本人は追いつめられてしまっている。

若者は生きかたに迷い、流され、心を病むだろう。スマホの画面にしか夢が映らない。新作のゲーム、ドラマ、コミック、SNS、フィクションに依存する時間ばかりが日常を独占している。

身動きも取れない満員電車のなかで、スマホの画面は六インチの世界を映す。目にする空爆、砲撃の映像も、自分の恐怖や苦痛につながらない。虐殺による数万人の死者を想像しても、自分の涙はこぼれない。だがその世界はフィクションではない。それを無感動に画面からスクロールする日常こそフィクションなのだ。

地球の大陸は4分の1が内戦地帯で、およそ一年に七十カ国からの難民が日本へ助けを求めに来る。戦場と化した故国を逃れる難民がおり、その戦場で兵士として戦う日本人がいる。

生まれついての兵士は日本人にいない。どこかで人生の退路を絶った者たちが、日本から戦場へ行く道を歩きはじめる。

フランス外人部隊に志願する日本人の兵士は、その名と過去を捨てるのが最初の服務であり、その功績は兵士の資質と国柄だけが称えられる。無口な彼らが噛みしめる「五年の契期」という一語には、彼らだけに通じる黙契がある。

世界中のアウトローが集まる軍隊で、語力、年齢、肌の色は、どれも逃げ出す口実にはならない。五年間の契期を終えずに国籍を取り戻せるのは脱柵するときだけだが、それは逃げ出した者の烙印が国籍に押されてしまうということだ。「五年の契期」という一語には、いま日本で同世代を生きる若者たちに知り得ない彼らの覚悟が込められている。

日本を故国とし、外人部隊を祖国とする彼らは日夜、苛烈な訓練を重ね、挫折を恥じ、比類なき軍人精神と武勲の伝統を受け継いで、フランスのために戦う。彼らは、その名も過去も捨てながら、外人部隊で果敢に日本を背負っている。

カレン民族解放軍は今日までに三名の日本人が兵士として死を遂げた。ミャンマー軍の猛攻が続く九〇年代、カレン州ワンカーの戦線で彼らは兵士として銃を取り、タイ国境へ避難する大勢の村人を守り抜いた。

彼らは短気で、喧嘩っぱやく、頑直に自分の生きかたを曲げなかった。人を寄せつけず、貸し借りを嫌ったが、戦場では互いの背中を無言で援護しあった。そしてワンカー奪取に迫るミャンマー軍を、五十名たらずのカレン軍守備隊と塹壕で迎え撃った。

日本に帰国した彼らは夜間の道路工事や倉庫作業をし、渡航費を工面して、半年もせずミャンマーの戦場に戻った。

つい数ヵ月前に死守したはずの戦線は陥落し、より深い密林に掘られた一本の塹壕が、彼らの新たな戦場になった。そこで若い日本人が命を散らすことに、どんな意味があったのか。彼らは重度のマラリアを患い、集中砲火の敵地に取り残され、やがて顔をあわせることなく、一人ずつ死んでいった。

いまカレン族に、彼らを思い出す者は少なく、彼らを弔う者はさらに少ない。

その彼らの名を私はボジョーから聞かされた。ボジョーは、若き日の戦友だった彼らの名を、いまも、かたときも忘れていない。カレン民族解放軍の日本人兵士は、彼らの名に始まり、彼らの名に代わる者なく永遠に終わるのだろうと私は思う。

世界の戦場へ行く日本人は、いつの時代も確かに存在する。彼らも私も日本では生きる場所を見つけられず戦場へ行った。本書の読者も、いつの日か戦場へ行こうとするのかもしれない。

その戦場はシリアか、アフガニスタンか。そこで銃を撃つ理由は？ 敵兵は残忍で殺しに慣れている。何回も遊べる戦争ゲームと違って、人間の命はコンティニューできない。五・五六ｍｍ被甲弾が顔に跳弾すると、死なずに顔面の半分を粉砕されて生存する場合がある。失明し、顔の穴に成型器具を固定して、長い余生を送らなければならない。実弾は人間を、そういう姿に変える。

傭兵には、二つの条件があると私は書いた。二つの条件は、軍歴と関係がない。一つは体力だ。では、もう一つの条件とは？ 傭兵には、銃を撃つ技術よりも必要な条件がある。戦場をめざす前に、よく考えてみてほしい。

英語圏にない内戦地帯では言葉が通じない。言葉に頼らない力を持てなければ戦場から生きて帰ることは、より難しくなる。

傭兵は国のためでなく、国連軍も介入できない戦場に行く。この十年間、ミャンマーの戦場で私が日本を想うことはなかった。愛国者かと問われても答えることはしない。だが危険な場面ではいつも、故国に殉じた兵士の思念に身を導かれる。

かつてビルマ戦線に出撃した日本兵の十八万人が死んだ。その遺骨が埋まるジャングルを、同じく私も兵士として歩いた。

死を前提とした作戦で、四〇〇ｋｍの敵地に取り残され、密林に飢え渇き、熱病にうなされ、蛆虫に喰われて白骨のしるべとなった日本兵は、国を愛して死ねたのだろうか。

兵士を志すならスマホの電源を切り、古書を読み、慰霊碑を訪ね、歴史に埋もれる物語を見つけてほしい。忘れ去られた戦死者の軌跡を読み解く眼は必ず、身を護る力になる。

本書を読んだ者の九十九%は、外国の戦場に日本人が命を捨てるような大義は無いと考えるだろう。だが残る一%は、それでも日本に生きる場所を見つけられず戦場へ行こうとするかもしれない。

その一%の命を戦場から生きて帰らせるために、わずかでも本書が役立つものとなれば幸いである。

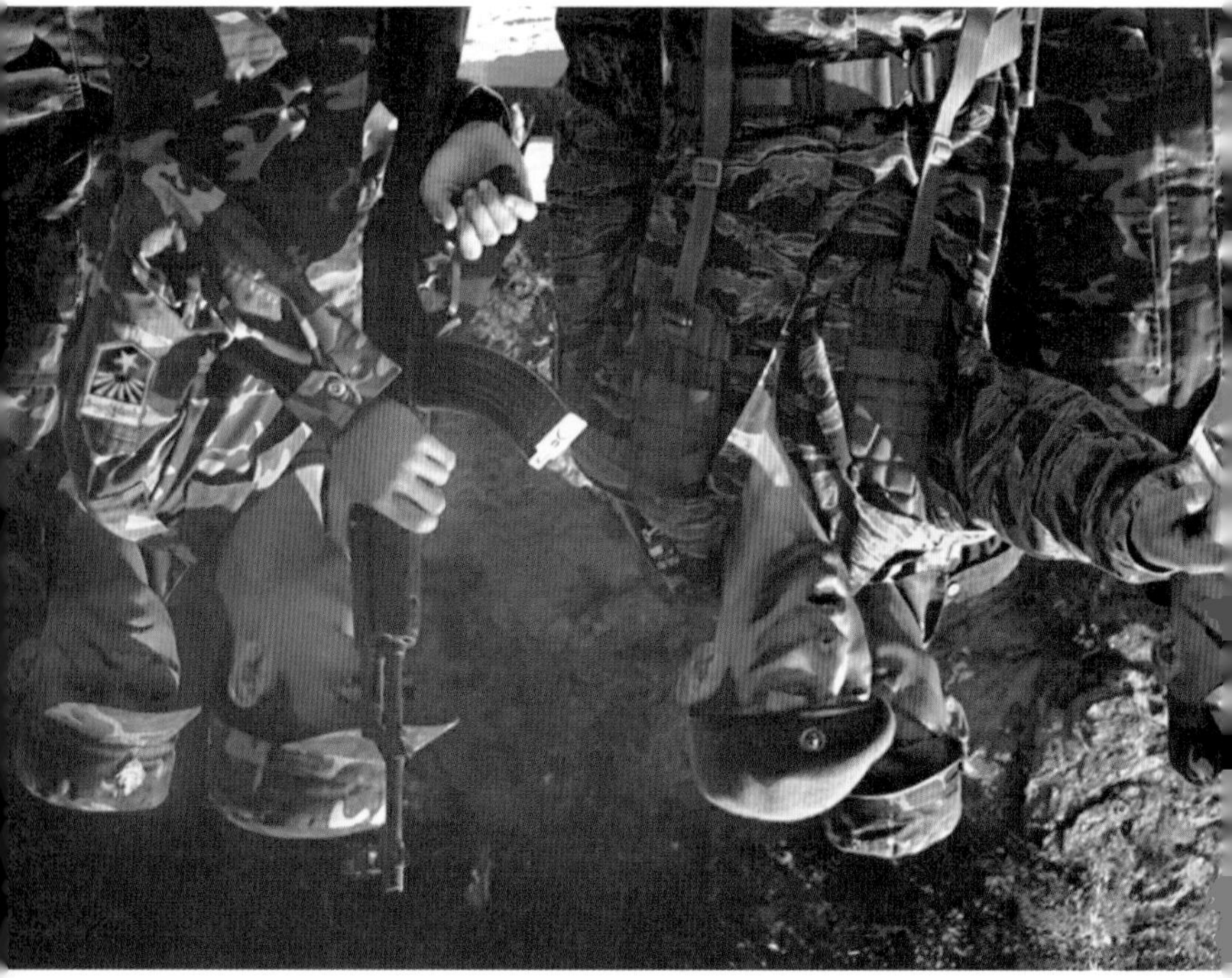

著者略歴

沖本樹典

1970年　北海道出身
第四回蓮如賞佳作入賞。
2006年からミャンマーの反政府ゲリラ「カレン民族解放軍」に日本人兵士として従軍，旅団訓練隊の教官として現在に至る。
著者については「一検察官の軌跡」竹村照雄（法学書院）「日本の公安警察」青木理（講談社現代新書）等の刊行物に記述がある。

本書の著者印税は戦災孤児基金に全額寄付されます。
All royalties of the authors donated for War damaged orphans.

カレン民族解放軍

2023年1月31日　第1刷発行

著　者　沖本《おきもと》樹典《きのる》

発行者　太田宏司郎
発行所　株式会社パレード
　大阪本社　〒530-0021　大阪府大阪市北区浮田1-1-8
　TEL 06-6485-0766　FAX 06-6485-0767
　東京支社　〒151-0051　東京都渋谷区千駄ヶ谷2-10-7
　TEL 03-5413-3285　FAX 03-5413-3286
　https://books.parade.co.jp
発売元　株式会社星雲社（共同出版社・流通責任出版社）
　〒112-0005　東京都文京区水道1-3-30
　TEL 03-3868-3275　FAX 03-3868-6588
編　集　下牧しゅう（PARADE Inc.）
装　幀　藤山めぐみ（PARADE Inc.）
印刷所　創栄図書印刷株式会社

ISBN 978-4-434-31422-3　C0095